Fleisches Lust

COLLECTION
ROLF HEYNE

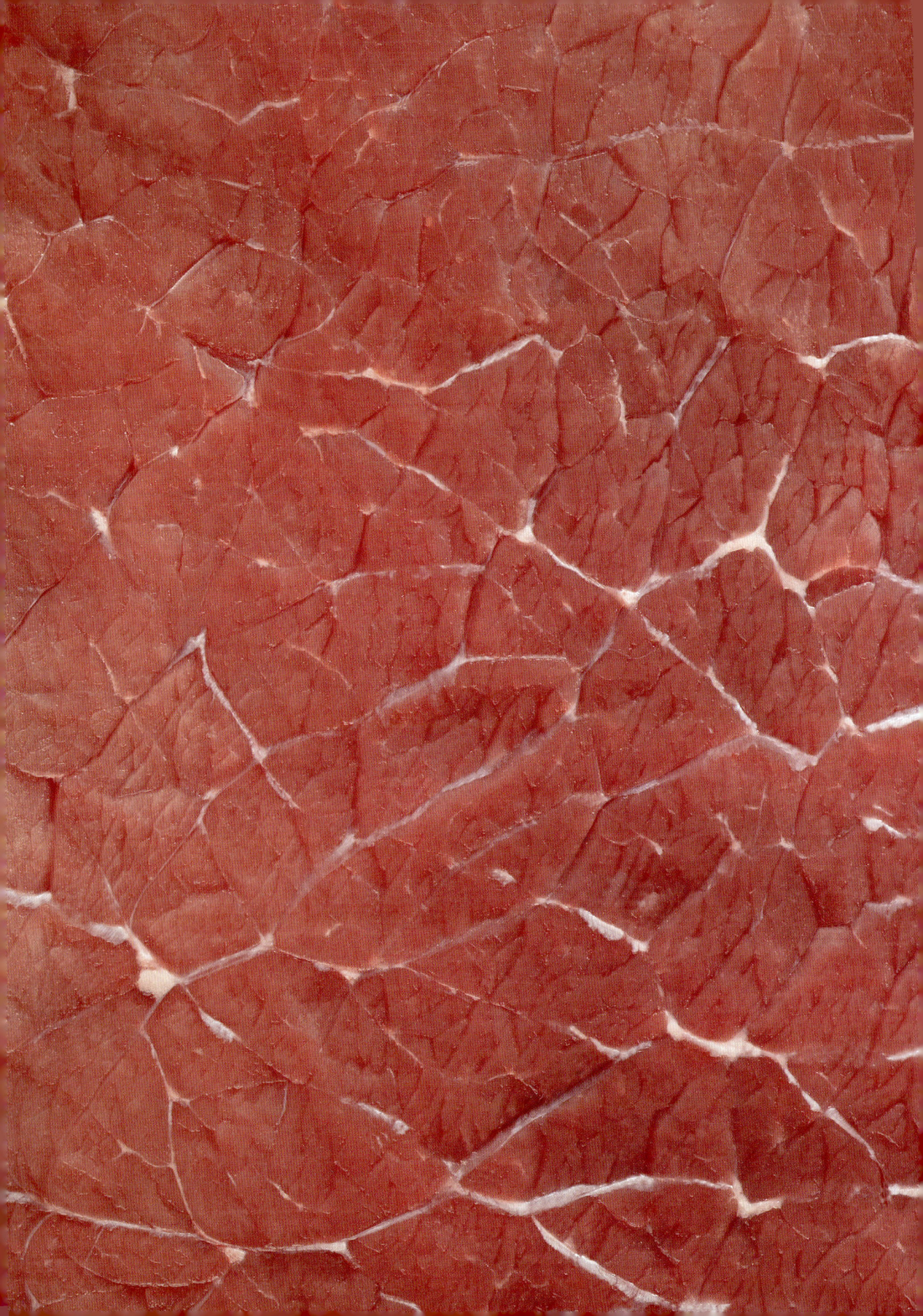

Fleisches Lust

Feine Fleischküche und Warenkunde

Herausgegeben von Thomas Zedrosser
Fotografie von Luzia Ellert
Rezepte von Gabriele Halper
Texte von Elisabeth Ruckser

COLLECTION ROLF HEYNE

Inhalt

Liebe Leserin, lieber Leser

Dieses Buch hat eine lange Geschichte. Sie beginnt bei der wunderbaren und köstlichen Küche unserer Großmutter – einer Wiener Wirtin. Und reicht heute bis zur wissenschaftlichen Auseinandersetzung mit Themen wie Ernährung, Gesundheit oder Tierhaltung. Fleisch gehörte und gehört in unserer Familie zum Leben, zum Beruf, zum täglichen Genuss, was lag daher näher, als all dieses Wissen und die Erfahrung in ein Buch zu verpacken.

Fleisch hatte es nicht leicht in den letzten Jahren und Jahrzehnten, selbst wenn Entwicklungshistoriker überzeugt sind, dass gekochtes Fleisch einst unser Gehirn wachsen ließ. Die Urmenschen, so erläutert zum Beispiel der Harvard-Professor Richard Wrangham, konnten das durch das Kochen weich gewordene Essen viel leichter und in größerer Menge zu sich nehmen und erst dadurch überhaupt die notwendige Energie für das so groß gewordene zentrale Nervensystem aufbringen.

Ernährungswissenschaftlich betrachtet stand das Lebensmittel – vor allem »rotes Fleisch« – jedenfalls lange Zeit nicht im besten Ruf. Auch in der Gourmetszene waren der gute alte Sonntagsbraten oder Schmorfleisch nahezu tabu, höchstens hie und da fand ein Steak Eingang in die Tempel der Kochkunst. Doch langsam kommen wir wieder auf den Geschmack, und das Bild wandelt sich gewaltig. Der deutsche Spitzenkoch Kolja Kleeberg etwa gibt Kochkurse für die richtige Zubereitung von Fleisch, serviert in seinem Michelin-Stern-geschmückten »Vau« zum Entzücken der Gäste Ochsenschwanz & Co und nennt die besten und interessantesten Teile des Rindes »die fleißigsten«, wie Wange oder Schulter. Eine neue Generation junger anspruchsvoller Gäste entdeckt in trendigen Lokalen den Genuss von Fleisch wieder.

Darüber hinaus belegen mehr und mehr Studien, dass Fleisch von verantwortungsvoll gehaltenen Tieren auch gesund für den Menschen ist. Es ist zum Beispiel besonders reich an wertvoller konjugierter Linolsäure – eine wahre »Geheimwaffe« gegen Herz-Kreislauf-Erkrankungen oder Fettsucht – und es enthält jede Menge hochwertiges Eiweiß, Vitamine oder Mineralstoffe. Die Firma Radatz hat in Zusammenarbeit mit dem Ernährungsmediziner und Wiener Universitätsprofessor Kurt Widhalm unser Produkt »Schneebergbeef« – Tiere, die ausschließlich in Mutterkuhhaltung leben – analysiert. Wir wollten wissen, wie sich der Konsum von Fleisch etwa auf den Cholesterinspiegel auswirkt. Mit dem Ergebnis, dass sich einerseits erstaunlich niedrige Werte und andererseits eine auffallend gestiegene Leistungsfähigkeit bei den Versuchsteilnehmern nachweisen ließen. Ergebnisse ähnlicher Untersuchungen erwarten wir demnächst auch zu Schweinefleisch, vorab lässt sich aber schon aus ganz persönlicher Erfahrung sagen, dass unser Mostviertler Freilandschwein einfach ganz ausgezeichnet schmeckt.

Genuss steht heute für alle kochbegeisterten Menschen an erster Stelle. Doch vieles von dem Wissen um den Einkauf und die Zubereitung oder die richtige Auswahl von Lebensmitteln ist verloren gegangen. Ganz besonders im Umgang mit Fleisch.

Nur Mut, liebe Leser und Leserinnen, mit dem hier vorliegenden Buch wollen wir überlieferte und heutige Rezepte, traditionelle und neue Methoden an Sie weitergeben und dazu das Fachwissen unserer besten Fleischermeister.

Viel Spaß wünscht Ihr

Franz Radatz

Das Herz der Wiener Küche

oder: Warum die Wiener schon immer viel
von der Fleischzubereitung verstanden haben

Die Wiener sind wahre Fleischprofis. Man kann es drehen und wenden, wie man will, aber so ist es. Darum ist es nicht verwunderlich, dass das vorliegende Buch als Absender einen Wiener Fleischer hat, der die Tradition um dieses wunderbare Wissen in bester Weise fortführt.

Rind- und Kalbfleisch nehmen in der Wiener Küche seit dem 17. Jahrhundert einen besonderen Stellenwert ein, schon im zu Ende gehenden Mittelalter wurde Rindfleisch in Wien von allen Bevölkerungsschichten gekauft. Das Biedermeier gilt als Back- und Brathendlzeit schlechthin. Selbst in schwierigen Zeiten wie etwa während der Türkenkriege bemühte sich der Wiener Magistrat redlich, die Versorgung der Bevölkerung mit Fleisch sicherzustellen. Und Gourmetpapst Wolfram Siebeck schließlich schreibt Ende des 20. Jahrhunderts: »Wenn die Wiener Küche eine kulinarische Bedeutung hat, dann in erster Linie wegen der Tafelspitz, Schulterscherzel, Hüferlschwanzel und Kavalierspitz genannten Stücke vom Rind, die nicht wie bei den Primitivessern in der Pfanne oder auf dem Grill schwarz verbrannt, sondern sanft und schonend in einer würzigen Brühe gekocht werden.«

»Ein feistes Tafelstück«

Metzger oder Fleischhauer, wie sie hierzulande heißen, gab es in Wien noch bis in die Sechziger- und Siebzigerjahre an allen Ecken und Enden. Und Hausfrauen mitsamt ihren Köchinnen legten durch die Jahrhunderte größten Wert auf die sachgerechte Zubereitung von Rind, Kalb & Co. Besonders Suppe und gekochtes Fleisch haben in Wien eine lange Historie, ihre Hochblüte erreichte diese Zubereitungsart im 19. Jahrhundert. Mangels Kühlmöglichkeit wurde täglich frisch gekauft, gekocht und

aufgetischt. Vor allem das gekochte Rind gilt als das Herz der guten, alten Wiener Küche, ob daheim auf dem Mittagstisch, im Wirtshaus und auch am kaiserlichen Hof. Kaiser Karl VI. wünschte jeden Tag ein »feistes« (fettes) Tafel- oder Suppenstück vom Rind zu speisen, Maria Theresia liebte Suppe über alles, auch Franz Joseph nahm fast nur gekochtes Rindfleisch zu sich. Und selbst wenn der Höhepunkt jedes kaiserlichen Diners ein Braten zu sein hatte – Suppe und Tafelfleisch hatten ihren fixen Platz in der Speisefolge.

39 000 ungarische Ochsen

Aber auch das Bürgertum ließ sich's immer schon gern fleischlich schmecken. Aufzeichnungen der österreichischen Historikerin Ingrid Haslinger, Wissenschaftlerin und Autorin zahlreicher Bücher zum Thema kulinarische Tradition, belegen, dass die Wiener etwa im Jahr 1828 die stolze Anzahl von 84 657 Ochsen, 131 985 Kälbern, 124 717 Gänsen sowie rund 100 000 Kapaune verspeist hatten. Und der Berliner Reiseschriftsteller Nicolai hält bereits Ende des 18. Jahrhunderts beeindruckt fest: »Berlin hat 140 000 Einwohner, die jährlich etwa 20 500 Stück Rindvieh verzehren. Wenn Wien 206 000 Menschen hat, die (...) 39 000 ungarische Ochsen essen, ohne die inländischen, die auch 4000 ausmachen, so sieht man deutlich den sehr viel größeren Verbrauch des Rindfleisches in Wien.«

Für Schwein war übrigens in Kochbüchern jener Zeit kaum Platz, und wenn, dann nur in Form von Speck, Schweinsbraten, Schmalz, Schinken oder Spanferkel. In der fünften Auflage der damals sehr beliebten »Österreichischen Küche« von Marie von Rokitansky aus dem Jahr 1908 nehmen etwa Gerichte vom Schwein im mächtigen Kapitel »Fleisch-

speisen« gerade einmal magere drei Seiten ein. Diese Tatsache sollte sich erst nach dem Zweiten Weltkrieg ändern, als das – billigere – Schweinefleisch in den Mittelpunkt zu rücken begann und viele klassische Kalbfleischrezepte einfach umgewandelt wurden.

Aber zurück zum von den Wienern so heiß geliebten Rindfleisch. Ein traditionelles Mittagessen bestand jahraus jahrein und zwar tagtäglich aus einer Rindsuppe (mit Einlage), dann gab es das darin gekochte Stück Fleisch mit Gemüse oder Soße und als dritten Gang eine Mehlspeise. »Die Speisen, die heute als klassisch wienerisch gelten, wie ein Wiener Schnitzel oder ein Rostbraten, waren da gar nicht wirklich vertreten«, erläutert dazu auch Historikerin Ingrid Haslinger.

Ausnahmen bildeten natürlich die rund 150 Fastentage pro Jahr, die bis zum Ende der Monarchie – ganz besonders übrigens unter Maria Theresia – sorgfältig und streng eingehalten wurden. An denen gab es dann ausschließlich Fisch oder Mehlspeisen.

Auch die Gäste aus dem Ausland liebten Tafelspitz & Co, wie man etwa in einem Reiseführer für Touristen vom Anfang des 20. Jahrhunderts liest: »Die breiten Volksschichten in Wien […] leben insgemein frugaler als sonst wo […] In Wien versteht man es [Anm.: das gesottene Rindfleisch] so vorzüglich herzustellen, dass fast jeder Fremde entzückt ist, wenn er zum ersten Mal davon kostet.« Selbst wenn es, und das sei der Vollständigkeit halber erwähnt, doch immer wieder auch sehr kritische Stimmen gab, wie etwa den französischen Philosophen und Gastrosophen Jean Anthelme Brillat-Savarin, der verächtlich schrieb: »Das Suppenfleisch ist ein Fleisch ohne Saft.«

Der Siegeszug des Gulaschs

Die Wiener ließen sich ihr Fleisch jedenfalls nicht schlech machen. Neben dem Siedefleisch entwickelte sich auch eine vielfältige Küche des »eingemachten« Fleisches, die aus Kalb oder Lamm bestand, das mit ordentlich Wurzelwerk und einer herzhaften Einbrenn (Mehlschwitze) zubereitet wurde. Dazu gab es vorzugsweise Reis – Erdäpfel oder Kartoffeln setzten sich erst im 18. Jahrhundert langsam durch. Ebenso wie das Gulasch, das seinen Siegeszug ebenfalls erst relativ spät antrat. »Die Ungarn haben es zum Nationalgericht ernannt – und wollten damit eigentlich die Österreicher provozieren. Gulasch war schließlich ein ausgesprochenes Arme-Leute-Essen der ungarischen Hirten«, erläutert Historikerin Haslinger. Doch damit hatten sie die Rechnung ohne die Wiener gemacht, die das neue Gericht schlicht und einfach begeistert annahmen.

Fünf Viertel ergeben ein Ganzes

Außergewöhnlich entwickelte sich in Wien auch die Zerteilung des Rindes – es gibt bis heute keine Landesküche, die das edle Tier in mehr Stücke zerlegt als die österreichische. Laut der Wiener Schlachtung wurde das Rind jedenfalls in »fünf Viertel« zerlegt: je zwei vordere und hintere Viertel sowie die Brust extra. Kulinarikhistorikerin Haslinger: »Beinfleisch und Kügerl waren dadurch viel höher als bei der heutigen Methode das Rind zu spalten.« Besondere Bedeutung kam und kommt in der feinen Rindfleischküche dem »Knöpfel« oder Schlögel zu – er liefert die besonders beliebten Teile wie Tafelspitz, Tafelstück, Hüferschwanzel oder weißes Scherzel. Und eine weitere Besonderheit der Wiener Zerlegung ist auch die Fledermaus, zuweilen auch »Heiliger Geist« oder Schalplattl genannt. Dieses Stück Fleisch stammt vom Beckenknochen und gilt unter Liebhabern als ausgezeichnetes Siede- oder Schmorfleisch, das heute mehr und mehr wiederentdeckt wird.

Stilvoll genießen

Um das Fleisch auch optisch perfekt aufbereitet zu genießen, wurde – ebenfalls in Wien, wo sonst – auch entsprechendes Spezialgeschirr entwickelt. So gab es Ende des 19. Jahrhunderts den sogenannten Rindfleischteller. Er hatte in der Mitte eine Vertiefung für Fleisch und Suppe, rundherum war er in sechs bis zwölf Segmente für die Beilagen unterteilt.

»In der Luxusvariante mit zwölf Abteilungen konnten folgende Zuspeisen serviert werden: Karotten, grüne Erbsen, Rotkraut, Petersilerdäpfel, Kohlrüben, Kaviar, grüner Salat, Bohnensalat, rote Rüben, Essiggurken, Erdäpfelsalat und Senf«, schreibt Expertin Ingrid Haslinger dazu in ihrem Buch: »Tafelspitz & Fledermaus – die Wiener Rindfleischküche«. Dieser praktische Teller war derart beliebt, dass sein Erfinder dafür Ende des 19. Jahrhunderts das Patent in Österreich, Ungarn und sogar England anmeldete. Und im Einsatz war das gute Stück immerhin bis in die Fünfzigerjahre des letzten Jahrhunderts.

Aber nicht nur eigene Teller gab's, auch ein ganzer Rindfleischwagen wurde entworfen und sorgte für die bestmögliche optische Präsentation der Rindfleischküche. Er hatte Warmhaltevorrichtungen für die verschiedenen Siedefleischspezialitäten und Beilagen. Im Wiener Traditionsrestaurant »König von Ungarn« ist ein solcher Wagen bis heute im Einsatz.

Rindsuppenland & Literatur

Das gesottene Rindfleisch als Wiener Tradition und Spezialität kam auch bei vielen Literaten bestens an, wie Haslinger in ihrem oben genannten Buch analysiert. So auch beim großen österreichischen Schriftsteller Thomas Bernhard, der »seinen« Burgtheaterdirektor Claus Peymann in einem Stück Folgendes sagen lässt:

> *»Österreich ist das beste Rindsuppenland*
> *nichts ist besser in Österreich*
> *als die Rindsuppe*
> *in keinem Land der Welt*
> *haben Sie eine bessere Rindsuppe Bernhard.«*

Salz & Marinade

Wann soll man Fleisch salzen – vor dem Braten oder nachher?

Eine alte Streitfrage und ein ebenso alter Mythos. Ein wenig kommt es zwar darauf an, was man zubereitet (Suppe etwa sollte man nicht vorher salzen), aber generell ist die oft verbreitete Aussage, dass man Fleisch erst nach dem Braten salzen soll, schlicht und einfach falsch. Im Gegenteil: Schweinsbraten oder auch Geflügel muss unbedingt gesalzen werden, bevor er/es ins Backrohr kommt. Der in dem Zusammenhang oft zitierte Flüssigkeitsverlust ist vernachlässigbar, und geschmacklich wäre es geradezu eine Katastrophe. Der kulinarische Physiker Werner Gruber hat den tatsächlichen Wasserverlust mehrfach gemessen. Sein Ergebnis: ein äußerst verschmerzbarer Esslöffel pro drei Kilogramm Braten.

Auch Steaks ruhig vor dem Braten salzen – oder natürlich gar nicht, wenn Sie den edlen Fleisch- oder Grillgeschmack lieber pur genießen wollen.

Generell wirkt Salz auf die Fettsäuren und beseitigt einen Geschmack, den wir als unangenehm empfinden.

Für Schweinsbraten das Bratgut am besten 24 bis 48 Stunden vor dem Braten mit Salz und Gewürzen (Kümmel, Knoblauch etc.) einreiben.

Geflügel sollte etwa 2 Stunden vorher gesalzen werden.

Wichtig: In der Küche nie mit einem Salzstreuer arbeiten, sondern das Salz immer mit der Hand auf das Bratgut aufbringen. Man hat dadurch ein wesentlich besseres Gefühl für die Menge.

Muss Fleisch vor der Zubereitung mariniert werden?

Die Marinade kann dazu dienen, sehr frische Fleischstücke daheim nachreifen zu lassen. Bei einem optimal gereiften Fleischstück ist das nicht notwendig, da geht es vorrangig um den Geschmack. Die Aromastoffe dringen dabei, so bestätigt der kulinarische Physiker Werner Gruber, langsam ins Fleisch ein: rund 10 mm pro Tag.

Portionsstücke am besten vier Stunden bei Zimmertemperatur oder über Nacht im Kühlschrank marinieren. Ganze Braten können 1 bis 2 Tage im Kühlschrank mariniert werden, frisches Fleisch bis zu 4 Tagen. Sowohl Portions- als auch Bratenstücke sollten dabei ganz mit Flüssigkeit (zum Beispiel Öl oder Wein) bedeckt sein.

Tipp: Marinieren Sie in ausreichend großen Gefrierbeuteln. Das ist luftdicht, platzsparend, und man benötigt nicht soviel Flüssigkeit.

Übrigens: Alkohol in der Marinade führt bei Fleisch zu einem Vorgarprozess, das Eiweiß denaturiert dadurch schneller, und das Fleisch wird schneller gar. Und zum Beispiel roher Ananassaft bewirkt, dass das zähe Kollagen im Fleisch zerstört wird (derselbe Prozess, der auch bei der Fleischreifung abläuft). Ein Huhn, dem man vor dem Braten frischen Ananassaft in die Nähe der Gelenke injiziert, wird dadurch am Knochen nicht rosa bleiben. Und schmeckt ein wenig nach Achtzigerjahre und Hawaii …

Große Braten & Fleischstücke

Wann ist der Braten fertig?

Zeitangaben für Braten im Rohr können extrem variieren. Das hängt von der Größe des Fleischstückes ebenso ab wie von der Backrohrtemperatur. Am besten gelingt's mit der sogenannten Kerntemperaturmessung, die mittels eines Bratenthermometers vorgenommen werden kann. Dazu Bratenthermometer an der dicksten Stelle schräg in das Fleisch stecken, die Spitze des Thermometers soll genau in der Mitte liegen. (Hitzebeständige Thermometer haben dabei den großen Vorteil, dass sie während der gesamten Zeit im Braten bleiben können). Wird die entsprechende Kerntemperatur im Fleisch erreicht, ist das gute Stück fertig.

Auch wichtig: Vor dem Braten das Fleisch zugedeckt mindestens 1 Stunde, im Idealfall 3 Stunden, bei Zimmertemperatur rasten lassen, das verkürzt die Garzeit.

Ein Tipp noch fürs Arbeiten ohne Thermometer: Wenn man an der dicksten Stelle mit einer Fleischgabel bis zur Mitte einsticht und nur mehr glasklarer Saft austritt, ist der Braten fertig. Die Kerntemperaturen betragen:

- mageres Kalb, mageres Lamm, mageres Schwein, mageres Wild, leicht rosa: 67°C
- durchzogen oder mit Knochen: Kalb, Lamm, Schwein, Wild: 80 °C
- Roastbeef: 55°C
- mageres Rindfleisch: 75–80°C
- durchzogenes Rindfleisch: 80°C
- Geflügel: 78°C

Bei allen durchzogenen Fleischteilen empfiehlt es sich, den Braten 30 Minuten bei 80°C im Backrohr ruhen zu lassen.

Welche Backrohrtemperatur?

Generell gilt eine Temperatur von 160°C bis max. 180°C für das Braten im Rohr als gut, für das Schmoren auch 140° bis 160°C. Warmhalten funktioniert bei 60°C am besten.

Wie erkenne ich, wann gekochtes Rindfleisch fertig ist?

An der dicksten Stelle bis zur Mitte mit einer Fleischgabel einstechen. Rutscht das Stück leicht von der Gabel und tritt klarer Saft aus, ist es fertig.

Wie bekommt der Braten eine schöne Kruste?

Was wäre ein Schweinskarree ohne knusprige Schwarte oder eine Gans ohne knusprig-braune Haut? Soll ein Braten eine knusprige Hülle erhalten, heißt die oberste Regel: keinesfalls übergießen. Durch das im Bratensaft enthaltene Wasser – so der kulinarische Physiker Werner Gruber – wird jeder Ansatz von Kruste wieder aufgeweicht, und der Prozess des »Krosswerdens« startet von Neuem bei Null.

Geflügel: Um die Haut vor dem Austrocknen zu schützen, immer wieder mit warmem Fett, zum Beispiel zerlassener Butter, bestreichen.

Schweinskarree: Schwarte schröpfen (oder vom Metzger schröpfen lassen). Und nur die Fleischseite des Bratens mit Knoblauch einreiben, sonst verbrennt der Knoblauch und wird bitter. Man kann das Fleisch auch mit Knoblauchstiften »spicken« und/oder eine halbierte Knolle für den Geschmack mit in den Bräter legen.

Ist das Fleisch gar, aber der Braten noch nicht knusprig, kann man sich mit diesem Trick behelfen: Bei 230–250°C aufheizen, Kruste mit etwas Salz bestreuen und unter ständiger Kontrolle bräunen. Aber Vorsicht, da geht es wirklich um Sekunden!

Wie tranchiert man große Braten?

Als Faustregel gilt: immer quer zur Muskelfaser. Dabei muss man die meisten großen Braten beim Aufschneiden ein bisschen drehen und wenden, da der Muskelstrang nicht gerade verläuft. Bestes Beispiel dafür: der klassische Tafelspitz. Hier ändert sich der Muskelverlauf nahezu um 90°C – d.h. am besten ist es, sich entweder vom Metzger mit einem vorsichtigen Einschnitt in der Fettschicht »anzeichnen« zu lassen, wo man die Schnittrichtung drehen soll, oder den Tafelspitz in zwei Stücke zerteilen zu lassen.

Fleisch, das mit Knochen gebraten wird, am besten auslösen und wieder mit dem Knochen binden lassen. Dann ebenfalls quer zur Faser aufschneiden.

Beim Geflügel werden zuerst die Keulen sowie die Flügel am Gelenk abgetrennt, dann tranchiert man entlang des Rückgrats, ebenfalls quer zur Fleischfaser. Fleisch warm stellen und servieren. Füllung nach dem Tranchieren aus dem Brustkorb lösen und portionsweise verteilen.

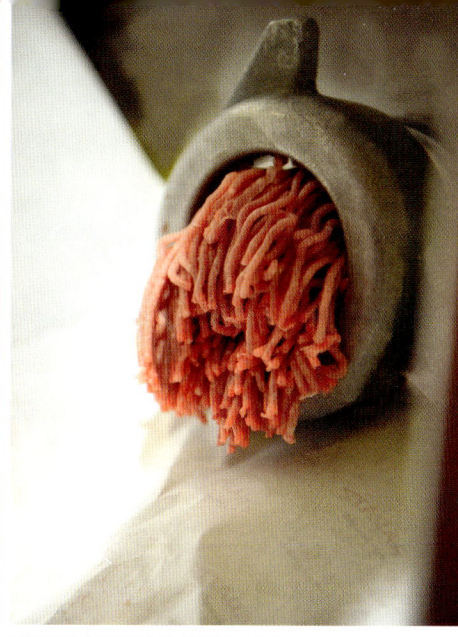
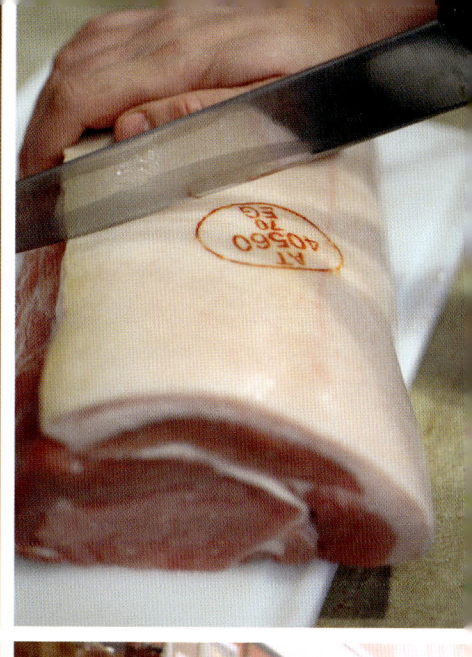

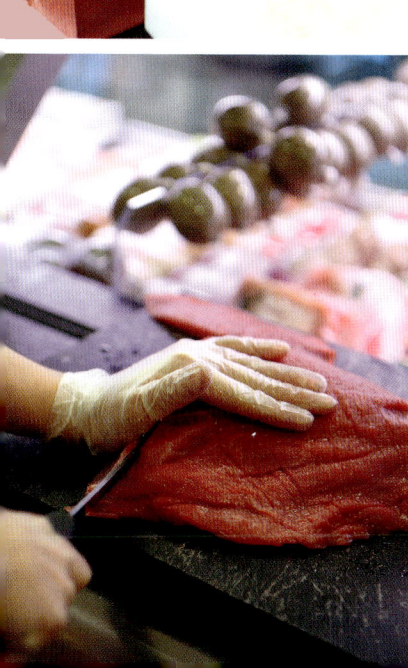

Steak & Sauce

Wie bereite ich Steak und kurz gebratenes Fleisch richtig zu?

Das Fleisch soll mindestens eine Stunde vor dem Braten aus dem Kühlschrank genommen und erst bei Zimmertemperatur (18 °C) gebraten werden.

Die Pfanne – am besten eine schwere, massive, da kann die Hitze gut gespeichert werden, und man erreicht die zum Anbraten des Bratgutes ideale Temperatur – zuerst ohne Fettzugabe erhitzen. Und zwar so lange, bis man die Hitze mit 5 cm über der Pfanne gehaltener Hand deutlich spüren kann. Dann Öl zugießen und etwas Butter darin aufschäumen.

Das Fleischstück – je nach Wunsch gesalzen, ungesalzen oder leicht gepfeffert – auf beiden Seiten anbraten. Hitze reduzieren und die Steaks so lange braten, bis sich auf der Oberfläche kleine »Fleischsafttröpfchen« zu bilden beginnen. Steaks wenden, Butter zugeben und auf der zweiten Seite genauso lange braten.

Sollte beim Braten Saft austreten und zu schäumen beginnen, ist das kein Drama, sondern einfach mit zu wenig Hitze in der Pfanne erklärbar: die Flüssigkeit in ein Gefäß abgießen (den aufbewahrten Saft später für die Sauce verwenden) und bei voller Hitze weiterbraten. Das Fleisch während des Bratens immer wieder mit der Butter oder dem Öl übergießen. Aus der Pfanne nehmen, in einen vorgewärmten Teller geben und mit Alufolie zugedeckt unbedingt 5 Minuten ruhen lassen. In dieser Zeit entspannen sich die Fasern, der Fleischsaft verteilt sich wieder im Fleischstück. Erst nach dem Rasten ist zum Beispiel das Steak wirklich so saftig und zart, wie es sein soll. Beim Ruhen tritt auch etwas Fleischsaft aus, den kann man am besten kurz vor dem Servieren zur Sauce geben.

Tipp: Wenn Sie für viele Gäste Steaks zubereiten müssen, die Steaks vor dem Kurzbraten im vorgeheizten Backrohr bei 50 °C etwa 30 Minuten vorgaren. Das Kurzbraten geht dann in Windeseile.

Wie erhalte ich eine gute Sauce?

Das Thema Saucen füllt ganze Bücher und viele Spitzenköche verwenden darauf ihre ganze Hingabe und Liebe. Aber es geht auch relativ leicht: Die einfachste Variante einer Sauce besteht aus Bratrückstand, Wasser und etwas Butter. Beim Kurzbraten den Bratrückstand mit wenig Flüssigkeit (zum Beispiel Suppe oder Wasser) aufgießen und wieder einkochen lassen, dadurch werden die feinen Geschmacksstoffe vom Pfannenboden gelöst und wandern in die Sauce. Immer wenig Flüssigkeit zugießen, den Vorgang lieber ein paar Mal wiederholen. (Das Motto »weniger ist mehr« gilt übrigens besonders, wenn Sie mit einem Schuss Alkohol wie Cognac oder Wein ablöschen.) Zum Schluss dann ein paar Flocken Butter dazu und kräftig rühren. Physikalisch betrachtet werden dadurch die in Butter und Bratensaft enthaltenen sogenannten Netzmittel dazu gebracht, die Fetttröpfchen in der Sauce zu umhüllen, und durch das Schlagen werden die Fetttröpfchen möglichst klein. Das Ergebnis: Je mehr Butter Sie zugeben und je kräftiger Sie rühren, desto sämiger wird die Sauce. Wenn Sie kalte Butter verwenden, werden die Fetttröpfchen übrigens ganz von allein kleiner, da sie langsamer schmilzt. Aber nicht übertreiben, sonst schmeckt die Sauce am Ende nur mehr nach Butter.

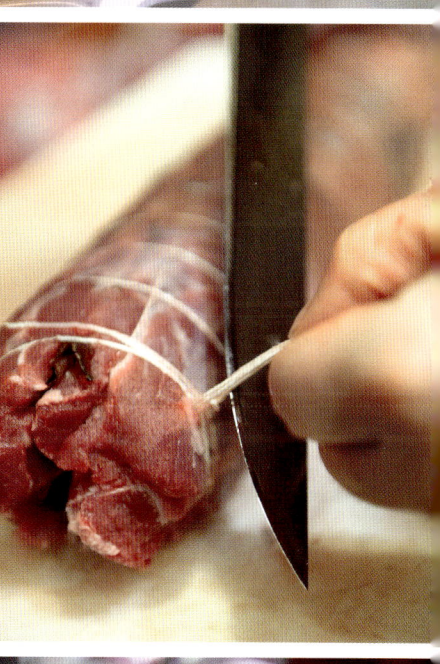

Qualität & Quantität

Woran erkennt man gut gereiftes Fleisch?

Fleischreifung ist eine wesentliche Bedingung dafür, dass Fleisch in der Pfanne auch mürbe wird. Dabei geht ein enzymatischer Abbau des im Fleisch enthaltenen zähen Kollagens vor sich. Rind zum Beispiel enthält sehr viel Kollagen, Huhn dagegen kaum welches. Eine Reifezeit von zwei bis drei Wochen gilt daher für Rindfleisch als optimal, bei Kalb und Schwein liegt die Spanne etwa bei zehn Tagen, und bei Huhn reichen zwei bis drei Tage. Im Zweifelsfall den Metzger fragen bzw. das Schlachtdatum auf der Packung beachten.

Gut gereiftes (Rind-)Fleisch ist auch optisch zu erkennen: Es ist dunkler, bräunlicher und verfärbt sich an den Schnittstellen, frisches Fleisch dagegen ist rötlich-blau.

Wie bewahrt man Fleisch auf? Und wie lange?

Am besten vakuumverpackt und je mehr Fettanteil das Stück enthält, desto kürzer. Außerdem darauf achten, dass die Kühlkette beim Heimtransport nicht zu lange unterbrochen wird. (Vor allem im Sommer besser eine Kühltasche mitnehmen und nach dem samstäglichen Marktbesuch nicht noch einen Tratsch beim Lieblingswirt einlegen.) Fleisch am besten gleich nach dem Einkaufen abwaschen, da es an der Oberfläche zu Milchsäurebildung kommt, trocken tupfen und ab in den Kühlschrank. Frisches Fleisch kann dort bei 2–4 °C drei bis vier Tage aufbewahrt werden.

Faschiertes sollte nicht vakuumverpackt werden – außer man will es einfrieren – und innerhalb von 24 Stunden verbraucht werden.

Tiefkühlen ebenfalls am besten im Vakuumpack, dadurch kann das Wasser nicht verdunsten, und es kommt nicht zum Gefrierbrand. Tiefgekühltes Fleisch kann bis zu drei Monate ohne Qualitätsverlust aufbewahrt werden, auftauen am besten langsam und über Nacht im Kühlschrank.

Wie viel Fleisch berechnet man pro Person/Portion?

Kurzbraten (Grillen, Portionsstücke in der Pfanne gebraten): ca. 200 g pro Person
Braten im Ganzen: 250–300 g pro Person (entspricht 2 Scheiben)
Fondue: 250–300 g pro Person
Truthahn/Huhn: 500 g (mit Knochen)
Ente/Gans: 1 kg pro Person (mit Knochen)
Die Mengenangaben entsprechen einem Hauptgang – serviert man etwa im Rahmen eines Menüs noch mehrere andere Gänge dazu, kann die Menge geringer ausfallen.

Muss man größere Bratenstücke zu einem Rollbraten binden?

Wird ein großes und eher unregelmäßiges Bratenstück fachgerecht gerollt, kann man es leichter garen. Das Fleischstück bekommt so an allen Stellen etwa denselben Durchmesser und gart dadurch gleichmäßig durch. Am besten vom Metzger binden lassen.

Wer's selbst probieren will, hier eine einfache Methode: Gleich lange Schnüre in 1,5–2 cm Abstand auflegen, Fleischstück darauflegen und jedes Schnurstück oben einzeln zusammenbinden.

Tipp: Küchengarn (gibt's in allen Geschirrabteilungen oder Küchenfachgeschäften) muss hitzebeständig sein, sollte nicht zu dünn sein, und wenn man es vor der Verwendung anfeuchtet, reißt es nicht so leicht.

Soll man Fett(ränder) vor dem Braten wegschneiden?

Selbst wenn Sie kein Freund von »g'schmackigen« Fetträndern sind: Beim Braten das Fett immer daranlassen. Eine Schwarte schützt und kühlt das Fleisch, wenn sie während des Bratens schmilzt. Das verhindert, dass der Braten verbrennt. Fett ist natürlich auch ein wichtiger Geschmacksträger und gibt daher Saft und Geschmack für Sauce und Fleisch. Wer's gar nicht will, kann es dann ja auf dem Teller wegschneiden.

Übrigens: Der kulinarische Physiker Werner Gruber hat eine erleichternde Erkenntnis für alle Kalorienzähler unter uns: Von Fett hat noch niemand zugenommen – lieber bei den Kohlenhydraten sparen …

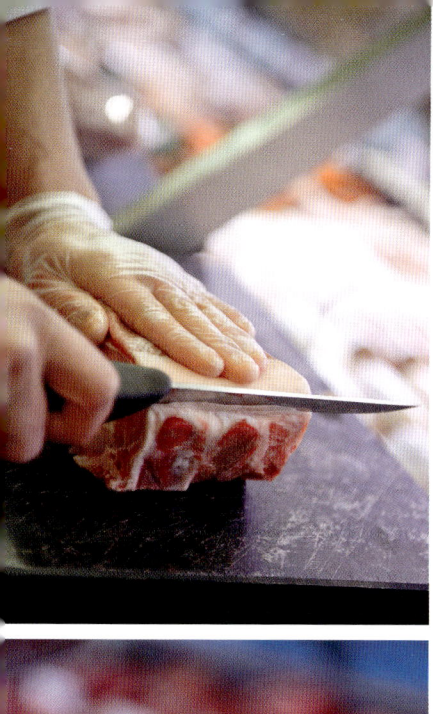
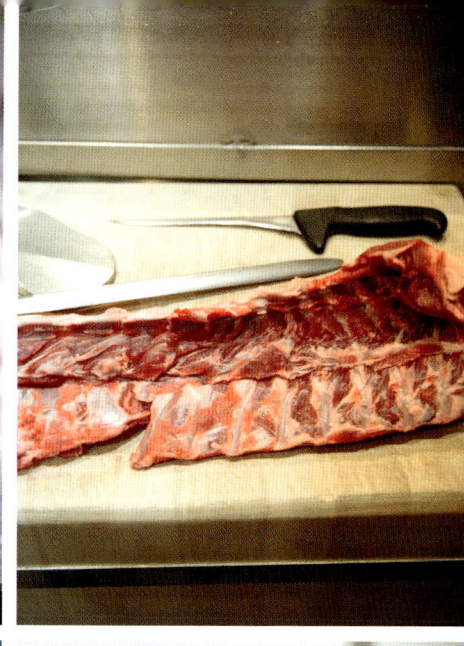

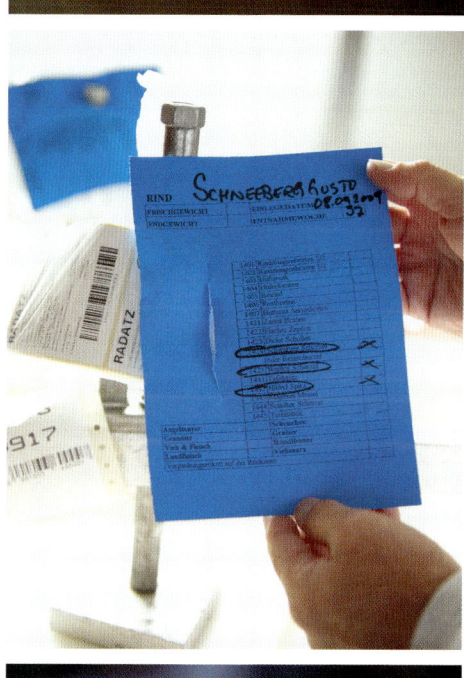

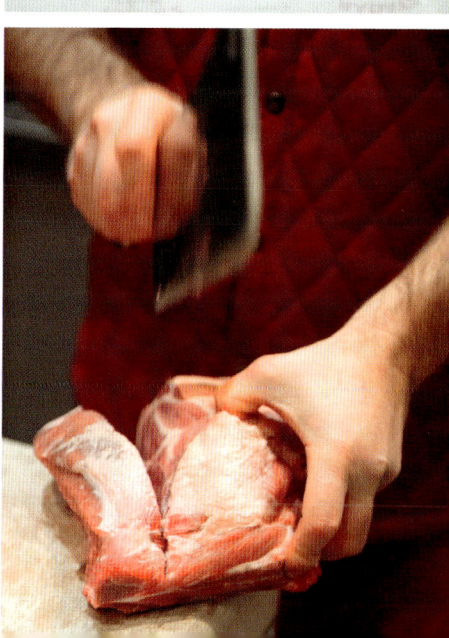

Kalb

Gedünstetes Kalbsbries
mit Spargel und Morcheln

ZUBEREITUNGSZEIT	ca. 20 Minuten
AM VORTAG	wässern & kochen
ZUTATEN	für 4 Personen
Kalbsbries	600 – 800 g
frische bzw. getrocknete Morcheln	100 g bzw. 20 g
Salz	
schwarzer Pfeffer aus der Mühle	
Weizenmehl zum Wenden	
Sonnenblumen- oder Maiskeimöl	2 EL
kalte Butter	100 g
trockener Sherry	125 ml
Kalbsfond (siehe Seite 66) oder	250 ml
Rindsuppe (siehe Seite 121)	
geschälter, grüner Spargel	1 Bund
Salz	
hitzebeständige Frischhaltefolie	

Am Vortag der Zubereitung das Bries etwa 2 Stunden in kaltes Wasser einlegen – bis es fast weiß ist. Das Wasser dabei öfters wechseln. Das Bries aus dem Wasser nehmen, gut abtropfen lassen, von den Häuten befreien und in einzelne Röschen teilen.

Je ca. 150 g Bries auf ein großes Stück hitzefeste Folie legen, eng einrollen und die Enden gut verknoten.

Wasser in einem großen Topf aufkochen, die Briesrollen einlegen und bei geringer Hitze etwa 20 Minuten pochieren. Das Bries dann aus dem Topf nehmen, in der Folie abkühlen lassen und 3 Stunden kalt stellen.

Die Morcheln putzen und halbieren. Getrocknete Morcheln erst in kaltem Wasser einweichen und abtrocknen.

Das Bries aus der Folie nehmen und in große Röschen teilen; salzen, pfeffern und in Mehl wenden.

Das Öl in einer Pfanne erhitzen, 40 g Butter zugeben und aufschäumen, das Bries darin beidseitig kurz anbraten und bis zur Weiterverarbeitung beiseitestellen.

20 g Butter in den Bratrückstand geben, die Morcheln darin anbraten und mit Sherry ablöschen.

Den Fond oder die Suppe zugeben und aufkochen. Die restliche kalte Butter zügig unterrühren; das Bries in die Sauce legen, 2 – 3 Minuten darin ziehen lassen und immer wieder mit Sauce überziehen.

Die Spargelstangen längs halbieren. 40 g Butter in einer großen Pfanne zerlassen, die Spargelstangen darin anbraten, salzen, pfeffern und bei mittlerer Hitze 6 – 7 Minuten unter mehrmaligem Wenden braten. Den Spargel mit dem Bries auf vorgewärmten Tellern anrichten. Mit der Sauce überziehen.

Variation – Gebackenes Bries: Das pochierte Bries in große Röschen teilen, salzen, pfeffern, in Mehl, Ei und Bröseln wenden und in Butterschmalz knusprig ausbacken.

ALS BEILAGE
Erdäpfel-Vogerlsalat* (Seite 314)

* Erdäpfel = Kartoffeln; Vogerlsalat = Feldsalat

Kutteln mit Speck –
»Speckfleck«
Kaldaunen mit Speck

ZUBEREITUNGSZEIT	ca. 40 Minten
ZUTATEN	für 4 Personen
gekochte Kalbskutteln*	600 g
Sonnenblumen- oder Maiskeimöl	3 EL
fein gewürfelte Zwiebel	1
fein gewürfelter Frühstücksspeck	100 g
Paradeismark*	1 TL
edelsüßes Paprikapulver	2 EL
Kümmelsamen	½ TL
Rindsuppe	350 ml
fein gehackte Knoblauchzehe	1
unbehandelte Zitronenschale	1 Stück, 2 cm groß
Sauerrahm	125 ml
1 EL Weizenmehl	1 EL
fein gehackte Petersilie	2 EL

Die Kutteln* gründlich waschen, abtropfen lassen und in ½ cm dicke Streifen schneiden.

Das Öl in einem großen Topf erhitzen, die Speckwürfel darin anbraten, dann die Zwiebelwürfel hinzufügen und kurz mitbraten.

Das Paradeismark*, das Paprikapulver und die Kümmelsamen zugeben, kurz mitbraten und mit der Rindsuppe aufgießen.

Den gehackten Knoblauch und die Zitronenschale zugeben und den Saucenansatz 6 – 7 Minuten kochen.

Die geschnittenen Kutteln zugeben und alles bei geringer Hitze etwa 20 Minuten köcheln lassen.

Den Sauerrahm mit dem Mehl und 2 EL kaltem Wasser glatt rühren.

Den Topf vom Herd nehmen, das angerührte Mehl unterrühren, den Topf wieder auf den Herd stellen und die Kutteln nochmals 5 – 6 Minuten leicht ziehen lassen.

Die gehackte Petersilie untermengen und eventuell nochmals abschmecken.

* Kutteln = Kaldaunen; Paradeismark = Tomatenmark

ALS BEILAGE
Semmelknödel (Seite 300)

KALBFLEISCH KURZBRATEN

1 **Leber:** die Königin der Innereien, geschnetzelt als klassische »geröstete Leber« oder als Schnitzel im Ganzen

2 **Krone:** zartes Stück, der Knochen gibt besonders feinen Geschmack

3 **Karreerose (Kotelettstück):** zart und mager. Achtung: den kleinen Fettrand vor dem Kurzbraten einschneiden

4 **Schale (Oberschale):** der zarteste, obere Teil des Schlögels, kann zum Kurzbraten auch in dickere Scheiben geschnitten werden

5 **T-Bone-Steak:** die zwei besten Teile – Lungenbraten und Karree – an einem Knochen, ein wahres »Kurzbrat-Erlebnis«

6 **Kalbskotelett:** saftiges, zartes Karree mit Knochen

7 **Weißes Scherzel (Schwanzrolle):** der »falsche Lungenbraten«, zart und mager

8 **Lungenbraten (Filet):** das feinste Teilstück für Pfanne und Grill

Zürcher Geschnetzeltes

ZUBEREITUNGSZEIT	ca. 20 Minuten
ZUTATEN	für 2 Personen
Kalbsfilet	300 g
Salz	
schwarzer Pfeffer aus der Mühle	
Weizenmehl	1 EL
Sonnenblumen- oder Maiskeimöl	1 EL
Butter	20 g
in feine Würfel geschnittene Zwiebel	1
in feine Scheiben geschnittene frische Champignons	100 g
Kalbsfond (siehe Seite 66) oder Rindsuppe (siehe Seite 121)	150 ml
Schlagobers*	50 ml
fein abgeriebene, unbehandelte Zitronenschale	½ TL
Salz	
gehackte Petersilie	2 EL

Das Fleisch 30 Minuten vor der Zubereitung aus der Kühlung nehmen.

Das Kalbsfilet ½ cm dick blättrig schneiden, mit Salz und Pfeffer würzen und mit Mehl bestreuen.

Das Öl in einer Pfanne erhitzen, die Butter darin aufschäumen. Das Fleisch hineinlegen und von allen Seiten kurz anbraten, dann aus der Pfanne nehmen und warm stellen – am besten im Backrohr bei 60 °C.

Die Zwiebelwürfel im Bratrückstand anbraten, die geschnittenen Champignons zugeben und 1–2 Minuten unter mehrmaligem Wenden mitbraten.

Mit dem Kalbsfond aufgießen und die Flüssigkeit kurz einkochen lassen.

Den Schlagobers* zufügen, nochmals kurz einkochen lassen, das Fleisch in die Sauce einlegen, kurz durchschwenken, die geriebene Zitronenschale hineinrühren, eventuell mit Salz und Pfeffer abschmecken, die Petersilie darüberstreuen und auf vorgewärmten Tellern anrichten.

* Schlagobers = Sahne

ALS BEILAGE
Rösti (Seite 310)

Butterschnitzel

ZUBEREITUNGSZEIT	ca. 30 Minuten
ZUTATEN	für 4 Personen
entrindetes und grob gewürfeltes Toastbrot	8 Scheiben
Milch	250 ml
doppelt faschiertes* Kalbfleisch	600 g
Eigelb	1
fein gehackte Petersilie	2 EL
Schlagobers*	125 ml
Salz	
schwarzer Pfeffer aus der Mühle	
frisch geriebene Muskatnuss	1 Prise
abgeriebene, unbehandelte Zitronenschale	½ TL
Sonnenblumen- oder Maiskeimöl	3 El
Butter	20 g
Kalbsfond (siehe Seite 66) oder Rindsuppe (siehe Seite 121)	ca. 125 ml
kalte Butter	40 g

Die Toastbrotwürfel mit der lauwarmen Milch übergießen und etwa 5 Minuten »ziehen lassen«.

Das Kalbfleisch mit dem Eigelb, der Petersilie und dem Schlagobers* vermengen.

Das eingeweichte Toastbrot ausdrücken, mit einer Gabel etwas zerteilen und zu dem Faschierten* geben. Mit Salz, Pfeffer, frisch geriebener Muskatnuss und dem Zitronenabrieb würzen und gut vermengen.

Aus dem Fleischteig vier ovale Laibchen formen.

Das Öl in einer Pfanne erhitzen, die Butter darin aufschäumen, die Laibchen hineinlegen und bei mittlerer Hitze auf jeder Seite etwa 4 Minuten langsam braten.

Die Laibchen aus der Pfanne nehmen und warm stellen – am besten im Backrohr bei 60 °C.

Den Bratrückstand mit dem Kalbsfond oder der Suppe lösen und 1–2 Minuten einkochen lassen.

Die Laibchen einlegen, kalte Butterflocken zugeben und die Pfanne schwenken, bis sich die Butter mit der Sauce verbunden hat.

Die Butterschnitzel mit der Sauce auf vorgewärmten Tellern anrichten.

* doppelt faschiert = zweimal durchgelassen; Schlagobers = Sahne; Faschiertes = Hackfleisch

ALS BEILAGE
*Erdäpfelpüree (Seite 312)
und glaciertes Gemüse*

Kalbskotelett
in Zitronen-Kapern-Sauce

ZUBEREITUNGSZEIT	ca. 20 Minuten
ZUTATEN	für 4 Personen
4 Kalbskoteletts mit Knochen	4 Koteletts à 300 g
Salz	
schwarzer Pfeffer aus der Mühle	
Weizenmehl	2 EL
Sonnenblumen- oder Maiskeimöl	2 EL
Butter	40 g
Kalbsfond (siehe Seite 66) oder Rindsuppe (siehe Seite 121)	250 ml
gehackte Kapern	1 EL
abgeriebene, unbehandelte Zitronenschale	½ TL
kalte Butter zum Montieren	40 g
fein gehackte Blattpetersilienblättchen	4 EL
unbehandelte Zitrone	½
Frischhaltefolie	

Das Fleisch 30 Minuten vor der Zubereitung aus der Kühlung nehmen.

Die Koteletts zwischen Frischhaltefolie mit der flachen Seite des Fleischklopfers leicht plattieren, beidseitig mit Salz und Pfeffer würzen und auf einer Seite mehlieren.

Das Öl in einer Pfanne erhitzen, die Butter darin aufschäumen und die Koteletts mit der mehlierten Seite nach unten etwa 3 Minuten braten, dann wenden und weitere 3 Minuten braten. Die Koteletts aus der Pfanne nehmen und warm stellen.

Den Bratrückstand mit dem Fond oder der Suppe aufgießen und 2 – 3 Minuten kochen lassen.

Die Kapern grob hacken und mit der Zitronenschale zugeben; die Koteletts in die Sauce einlegen und zugedeckt etwa 20 Minuten bei geringer Hitze darin ziehen, aber nicht kochen lassen.

Die Koteletts aus der Sauce nehmen und auf vorgewärmten Tellern anrichten.

Die kalte Butter in kleine Stücke teilen, in die Sauce geben und die Pfanne so lange schwenken, bis sich die Sauce mit der Butter vermischt und eine samtige Konsistenz hat.

Die Sauce über die Koteletts geben und alles mit der gehackten Blattpetersilie und der zu feinen Zesten gerissenen Zitronenschale garnieren.

Tipp: Mit dem Fleisch einige Zitronenscheiben anbraten und zum Servieren auf die Koteletts legen.

* Paradeissalat = Tomatensalat

ALS BEILAGE
*Paradeissalat**

Naturschnitzel

ZUBEREITUNGSZEIT	ca. 20 Minuten
ZUTATEN	für 2 Personen
kleine Kalbsschnitzel von der Karreerose*	4 Schnitzel à 100 g
oder doppellappig* geschnittene Kalbsschnitzel von der Schale	2 Schnitzel à 200 g
Salz	
Weizenmehl zum Bestäuben	
Sonnenblumen- oder Maiskeimöl	1 EL
Butter	50 g
Kalbsfond (siehe Seite 66) oder Rindsuppe (siehe Seite 121)	250 ml
Weizenmehl	½ TL
Frischhaltefolie	

Das Fleisch 30 Minuten vor der Zubereitung aus der Kühlung nehmen.

Die Schnitzel auf ein großes Brett legen, mit Frischhaltefolie abdecken und mit der flachen Seite des Fleischklopfers leicht klopfen.

Anschließend das Fleisch beidseitig salzen, auf einer Seite mehlieren und das überschüssige Mehl abschütteln.

Das Öl in einer flachen Pfanne erhitzen und 30 g Butter darin aufschäumen. Die Schnitzel mit der bemehlten Seite nach unten in die Pfanne legen und auf jeder Seite 1–2 Minuten goldbraun braten; das Fleisch aus der Pfanne nehmen.

Den Bratensatz mit dem Kalbsfond oder der Suppe lösen und bei mittlerer Hitze auf die Hälfte einkochen.

Die restliche Butter mit ½ TL Mehl verkneten, in die Sauce geben, gut verrühren und 1–2 Minuten verkochen lassen; die Schnitzel wieder einlegen und 1–2 Minuten zugedeckt im Saft ziehen lassen.

Die Naturschnitzel mit ihrem Saft auf vorgewärmten Tellern anrichten.

* Karreerose = ausgelöstes Karree, Rippenstück, Kotelettstück, Kotelettgrat; doppellappig = Fleisch in der Hälfte und quer zur Faser einschneiden und zu einer Platte »aufklappen«

ALS BEILAGE
Reis und Blattsalate

Geröstete Kalbsleber

ZUBEREITUNGSZEIT	ca. 20 Minuten
ZUTATEN	für 2 Personen
Kalbsleber, von der Haut befreit	400 g
Sonnenblumen- oder Maiskeimöl	3–4 EL
fein geschnittene Zwiebelstreifen	100 g
getrockneter Majoran	1 TL
Weizenmehl zum Bestäuben	1 TL
Kalbsfond (siehe Seite 66) oder Rindsuppe (siehe Seite 121)	125 ml
Salz	
schwarzer Pfeffer aus der Mühle	

Die Leber in etwa 1 cm dicke Streifen schneiden, dabei noch nicht salzen, sonst wird sie beim Braten hart.

Das Öl in einer Pfanne leicht erhitzen, die Zwiebelstreifen zugeben und darin goldbraun anbraten.

Die Leberstreifen in die Pfanne geben und unter ständigem Wenden 3–4 Minuten anbraten.

Den Majoran und das Mehl darüberstreuen, ebenfalls kurz mitbraten, dann mit dem Fond oder der Suppe aufgießen.

Die Leber mit Salz und Pfeffer würzen und etwa 2–3 Minuten bei geringer Hitze köcheln lassen, dann sofort auf vorgewärmten Tellern anrichten.

ALS BEILAGE
Salzkartoffeln oder frische Semmeln

Glacierte Kalbsleber

ZUBEREITUNGSZEIT	ca. 20 Minuten
ZUTATEN	für 2 Personen
Kalbsleber, von der Haut befreit und in ½ cm dicke Scheiben geschnitten	ca. 400 g
Salz	
schwarzer Pfeffer aus der Mühle	
Weizenmehl zum Wenden	
Sonnenblumen- oder Maiskeimöl	2 El
Butter	20 g
Kalbsfond (siehe Seite 66) oder Rindsuppe (siehe Seite 121)	125 ml
kalte Butterwürfel	30 g

Die Leber nur leicht salzen, pfeffern und beidseitig in etwas Mehl wenden.

Das Öl in einer Pfanne erhitzen, die Butter darin aufschäumen, die Leberscheiben einlegen und auf beiden Seiten etwa 1 Minute braten. Die Leber dann aus der Pfanne nehmen und im Backrohr bei 60 °C warm stellen.

Den Bratrückstand mit dem Kalbsfond oder der Suppe aufgießen und etwa 1 Minute köcheln lassen.

Die Leberschnitten wieder in die Pfanne geben und die kalten Butterwürfel hinzufügen.

Die Pfanne so lange schwenken, bis sich die Butter mit der Sauce verbunden hat.

Die Sauce mit Salz und Pfeffer abschmecken.

Die Leber mit der Sauce auf vorgewärmten Tellern anrichten.

Tipp: In Butter gebratene Apfel- und dünne Speckscheiben machen aus der glacierten eine Tiroler Leber.

* Petersilerdäpfel = Petersilkartoffeln

ALS BEILAGE
Petersilerdäpfel* (Seite 309)

39

KALBFLEISCH DÜNSTEN

1 **Nuss (Kugel):** kräftig und durchzogen – ein Stück für Liebhaber von Kalbfleisch

2 **»G'schnatter« (auch Wadelstutzen genannt, Fleisch aus der Kniekehle):** der fleischige Teil der Stelze – ideal für Kalbsgulasch und im Ganzen für saftige Schmorgerichte

3 **Schulterscherzel (Mittelstück der Schulter, Mittelbug):** die typische Sehne in der Mitte gibt Geschmack und Aroma

4 **Dicke Schulter (dickes Bugstück, Teilstück der Kalbsschulter):** mager und feinfaserig – für magere Gulaschs und Ragouts

5 **Hals (Nacken):** gut mit Fett durchzogen, daher sehr saftig

6 **Schlussbraten (Hüfte, zugeschnitten):** sehr zartes Fleisch, das ein besonders feines Ragout oder Schnitzel abgibt

Gedünstete Kalbsrahmvögerl

ZUBEREITUNGSZEIT GEDÜNSTET	ca. 2 Stunden
GESCHMORT	3 Stunden
ZUTATEN	für 4 Personen
Kalbsvögerl*	1,2 kg
Salz	
schwarzer Pfeffer aus der Mühle	
Weizenmehl zum Mehlieren	3 EL
Sonnenblumen- oder Maiskeimöl	4 EL
Butter	60 g
Kalbsfond (siehe Seite 66) oder	300 ml
Rindsuppe (siehe Seite 121)	
unbehandelte Zitronenschale	1 daumengroßes Stück
Crème fraîche	2 EL
Weizenmehl zum Binden	1 TL
gehackte Petersilie oder Kerbel zum Bestreuen	nach Belieben

Das Fleisch 1 Stunde vor der Zubereitung aus der Kühlung nehmen.

Die Kalbsvögerl* kräftig salzen und pfeffern, dann leicht mehlieren.

Das Öl in einem Kochtopf erhitzen, die Butter hinzufügen und aufschäumen und die Kalbsvögerl darin auf allen Seiten goldbraun anbraten.

Mit der Suppe oder dem Kalbsfond aufgießen, die Zitronenschale zugeben und alles im zugedeckten Topf bei mittlerer Hitze etwa 1½ Stunden dünsten.

Die Vögerl während des Dünstens mehrmals in der Sauce wenden.

Garvariante: Die Kalbsvögerl zugedeckt im auf 140 °C vorgeheizten Rohr etwa 2½ Stunden schmoren.

Das Fleisch und die Zitronenschale aus der Sauce nehmen.

Die Crème fraîche mit 1 TL Mehl glatt rühren und mit einem Schneebesen in den Saucenansatz rühren. Alles bei geringer Hitze 4–5 Minuten weiterkochen lassen.

Die Kalbsvögerl in Scheiben schneiden, in die Sauce legen und bei geringer Hitze oder im Backofen etwa 10 Minuten ziehen lassen.

Danach auf vorgewärmten Tellern anrichten und mit der Petersilie oder dem Kerbel bestreuen.

* Kalbsvögerl = aus der hinteren Kalbshaxe (Wade) geschnittenes Fleisch

ALS BEILAGE
Erbsenreis und
in Butter geschmortes Gemüse

Geröstete Kalbsnierndeln

ZUBEREITUNGSZEIT	ca. 30 Minuten
ZUTATEN	für 2 Personen
Kalbsnieren, vom Fett befreit	2 Nieren à 180 g
Sonnenblumen- oder Maiskeimöl	1 EL
Butter	20 g
große, grob geschnittene Zwiebel	1
getrockneter Majoran	½ TL
abgeriebene, unbehandelte Zitronenschale	½ TL
Weizenmehl zum Bestäuben	1 EL
Kalbsfond (siehe Seite 66) oder Rindsuppe (siehe Seite 121)	250 ml
Salz	
schwarzer Pfeffer aus der Mühle	
frisch gepresster Zitronensaft	1 Spritzer
frisch gehackte Petersilie oder frisch gehackter Majoran	1 EL
Küchenkrepp	

Die Kalbsnieren vor der Zubereitung etwa 40 Minuten in kaltem Wasser wässern, danach der Länge nach halbieren, die Nierenstränge herausschneiden und etwa 40 Minuten in kaltem Wasser wässern. Das Wasser dabei mehrmals wechseln.

Die Nieren aus dem Wasser nehmen, mit Küchenkrepp trocken tupfen und in dünne Scheiben schneiden, etwas pfeffern.

Das Öl in einer Pfanne erhitzen, die Butter darin aufschäumen und die Zwiebelstücke darin 2–3 Minuten anschwitzen.

Die geschnittenen Nieren dazugeben, 2–3 Minuten mitbraten, den getrockneten Majoran sowie die Zitronenschale zugeben, etwas Mehl darüberstäuben, alles gut durchmengen, mit dem Fond oder der Suppe aufgießen und bei mittlerer Hitze 3–4 Minuten köcheln lassen.

Alles mit Salz, Pfeffer und Zitronensaft abschmecken und die frischen Kräuter dazugeben. Die Kalbsnieren auf vorgewärmten Tellern anrichten.

Variante: Kurz vor dem Anrichten 2 EL glatt gerührten Sauerrahm und etwas Aceto balsamico unter die Sauce rühren.

* Erdäpfelpüree = Kartoffelpüree, Kartoffelbrei

ALS BEILAGE
Erdäpfelpüree* (Seite 312)
oder Salzkartoffeln

Reisfleisch

ZUBEREITUNGSZEIT	ca. 50 Minuten
ZUTATEN	für 4 Personen
Kalbsschulter	600 g
Sonnenblumen- oder Maiskeimöl	3 EL
große Zwiebel, fein gewürfelt	1
fein geschnittene Knoblauchzehen	2
edelsüßes Paprikapulver	2 EL
Paradeismark*	1 EL
Rindsuppe (siehe Seite 121)	300 ml
Salz	
schwarzer Pfeffer aus der Mühle	
ungekochter, gewaschener Langkornreis	200 g

Das Fleisch 30 Minuten vor der Zubereitung aus der Kühlung nehmen und in etwa 2 cm große Würfel schneiden. (Anstelle von Kalbfleisch kann man auch Schweinefleisch vom Bauch oder von der Schulter verwenden.)

Das Öl in einem großen Topf erhitzen. Die Zwiebelwürfel und den Knoblauch darin glasig schwitzen.

Den Topf vom Herd nehmen, das Paprikapulver und das Paradeismark* hineinrühren und den Topf wieder auf den Herd stellen.

Das Fleisch dazugeben und unter ständigem Rühren etwa 2 Minuten anbraten.

Salzen und mit einem Drittel der Rindsuppe aufgießen. Den Topf bedecken und das Fleisch bei geringer Hitze etwa 15 Minuten dünsten.

Den Reis dazugeben, mit der restlichen Flüssigkeit aufgießen und zugedeckt weitere 20 Minuten bei geringer Hitze dünsten. Dabei gelegentlich umrühren und darauf achten, dass das Reisfleisch nicht am Topfboden anbrennt.

Das gare Reisfleisch mit Salz und Pfeffer abschmecken und servieren.

* Paradeismark = Tomatenmark; Rote Rüben = Rote Bete

ALS BEILAGE
Grüner Salat oder
Rote-Rüben-Salat*

Kalbsgulasch

ZUBEREITUNGSZEIT	ca. 1 ½ Stunden
ZUTATEN	für 4 Personen
Kalbsschulter oder Vögerl*	1 kg
Salz	
schwarzer Pfeffer aus der Mühle	
Sonnenblumen- oder Maiskeimöl	3 EL
Butter	50 g
feine Zwiebelwürfel	200 g
edelsüßes Paprikapulver	2 EL
Kalbsfond (siehe Seite 66) oder	500 ml
Rindsuppe (siehe Seite 121)	
unbehandelte Zitronenschale	1 ca. 2 cm großes Stück
frischer Majoran oder frische Blattpetersilie	1 Zweig
Crème fraîche	125 g
Weizenmehl	1 EL

Das Fleisch 30 Minuten vor der Zubereitung aus der Kühlung nehmen.

Das Fleisch in etwa 3 cm große Würfel schneiden und mit Salz und Pfeffer würzen.

Das Öl in einem großen Topf erhitzen und die Butter darin aufschäumen. Die Zwiebelwürfel darin 5–7 Minuten anschwitzen.

Den Topf vom Herd nehmen, das Paprikapulver zugeben, umrühren und mit dem Fond oder der Suppe aufgießen. Die Zitronenschale und die Fleischwürfel zugeben, salzen, einmal aufkochen, die Hitze reduzieren und das Gulasch etwa 30 Minuten sanft köcheln lassen.

Den Kräuterzweig zugeben und weitere 10 Minuten köcheln lassen.

Das Fleisch und den Kräuterzweig aus dem Gulasch nehmen. Das Fleisch beiseitestellen.

Die Crème fraîche mit 3–4 EL Wasser und dem Mehl mit dem Schneebesen glatt rühren.

Den Topf erneut vom Herd nehmen, das angerührte Mehl zügig unterrühren, den Topf wieder auf den Herd stellen und die Sauce 5–7 Minuten kochen lassen.

Die Sauce mit dem Stabmixer aufmixen, bis sie schön sämig ist. Das Fleisch wieder hineingeben, abschmecken und bei geringer Hitze etwa 10 Minuten ziehen lassen.

*Vögerl = Fleisch aus der Wade; Nockerl = kleine Klöße oder Schnitten, das Wort ist wahrscheinlich mit dem italienischen Gnocchi verwandt

ALS BEILAGE
Nockerl (Seite 304)*

KALBFLEISCH BRATEN & SCHMOREN

Beim zarten Kalb vor allem die mageren Teile nie ganz durchbraten, sonst kann das Fleisch trocken werden. Ist ein Stück etwas mehr durchzogen, verträgt es auch mehr Hitze.

1 **Schlussbraten (Hüfte, zugeschnitten):** zart und gut durchzogen – ein saftiges Bratenstück

2 **Ossobuco:** in Scheiben geschnittener Teil der Stelze mit Knochen – wunderbar zum Schmoren geeignet

3 **Hintere Stelze (hintere Kalbshaxe):** gibt einen herzhaften Braten am Knochen, für alle, die es »g'schmackig« lieben

4 **»G'schnatter« (auch Wadelstutzen ganannt, Fleisch aus der Kniekehle):** der fleischige Teil der hinteren Stelze

5 **Kalbskarree mit Knochen (Kotelettstück):** der zarte, klassische, magere Kalbsbraten

6 **Kalbsniere:** wird in der klassischen Wiener Küche zu besonderen Anlässen mit dem Karree gebraten

7 **Brust:** saftiger, flacher Fleischteil, der sich aber gut zum Füllen eignet. Durch den Knochenanteil wird der Saft sehr geschmackvoll und intensiv

8 **Backerl (Wange):** ideales Schmorfleisch, intensiv und geschmackvoll

9 **Tafelspitz:** ein edles Stück für Feinspitze – vom Rind wie vom Kalb

10 **Schulterscherzel (Mittelstück der Schulter):** typisch durchzogen und herzhaft

11 **Dicke Schulter (dickes Bugstück, Teilstück der Kalbsschulter):** der magerste Teil von der Schulter

12 **Nuss (Kugel):** ein herzhaftes Stück, verträgt sich gut mit Wurzelwerk und Pilzen

13 **Karreerose (ausgelöstes Kotelettstück):** ausgelöstes Karree, zart und mager, ideal zum Niedertemperaturgaren geeignet

14 **Krone:** besonders feiner, aufwendiger Zuschnitt vom Kalbskarree mit Knochen, nur zartrosa braten, die Knochen geben intensiven Geschmack

15 **Hals (Nacken):** fein mit Fett durchzogen, gut zum Füllen oder für Rollbraten

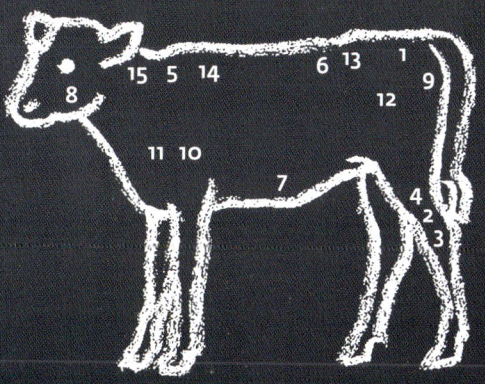

Geschmorte Kalbsstelze
mit Gemüse

Geschmorte Kalbshaxe mit Gemüse

ZUBEREITUNGSZEIT	ca. 4 Stunden
ZUTATEN	für 6 Personen
Kalbsstelze* mit Knochen	1 Stelze, ca. 2,2 kg
Salz	
schwarzer Pfeffer aus der Mühle	
Sonnenblumen- oder Maiskeimöl	4 EL
trockener, fruchtiger Weißwein	250 ml
Rindsuppe (siehe Seite 121)	250 ml
frischer Thymian	2 Zweige
frischer Rosmarin	1 Zweig
geschälte Knoblauchzehen	3
schräg geschnittene, etwa 2 cm dicke Karottenscheiben	300 g
schräg geschnittene, etwa 2 cm dicke Gelbe-Rüben-Scheiben	250 g
geschälte Schalotten	200 g
flüssige Butter	125 g
geschälte Paradeiser* aus der Dose	150 g

Das Fleisch 1 Stunde vor der Zubereitung aus der Kühlung nehmen.

Die Stelze* kräftig mit Salz und Pfeffer einreiben.

Das Öl in einem großen Bräter erhitzen und die Stelze darin von allen Seiten anbraten.

Mit dem Weißwein ablöschen, die Flüssigkeit etwas reduzieren und anschließend mit der Rindsuppe aufgießen.

Die Kräuterzweige sowie die Knoblauchzehen zugeben und die Stelze etwa 1 Stunde im auf 160 °C vorgeheizten Backrohr braten. Die Ofentemperatur nach 1 Stunde auf 120 °C reduzieren. Das geschnittene Gemüse und die geschälten, aber ganzen Schalotten zugeben, die Stelze mit flüssiger Butter übergießen und weitere 2 Stunden braten.

Die Stelze während des Bratens des Öfteren mit Bratensaft übergießen.

Die Paradeiser* zu dem Schmorgemüse in den Bräter geben und mit der fertig gebratenen Stelze im Rohr bei 100 °C etwa 30–40 Minuten »durchziehen« lassen.

Das Fleisch aus dem Bräter nehmen, vom Knochen lösen und in Scheiben schneiden.

Den Bratensaft und das Schmorgemüse bei Bedarf nochmals mit Salz und Pfeffer abschmecken.

Das Fleisch mit dem Schmorgemüse und dem Bratensaft auf vorgewärmten Tellern anrichten.

* Kalbsstelze = Kalbshaxe; Paradeiser = Tomaten

ALS BEILAGE
Erbsenreis

Ossobuco

ZUBEREITUNGSZEIT	ca. 1 ¾ Stunden
ZUTATEN	für 4 Personen
Kalbsstelze*	4 Scheiben à 250 g
Wurzelwerk* (Karotte, gelbe Rübe, Sellerie und Lauch)	250 g
Staudensellerie	2 Stangen
Salz	
schwarzer Pfeffer aus der Mühle	
Weizenmehl zum Wenden	
Olivenöl zum Braten	6 EL
feine Zwiebelwürfel	80 g
Paradeismark*	2 EL
trockener, kräftiger Rotwein	250 ml
Paradeiser* aus der Dose samt Saft	400 g
Kalbsfond (siehe Seite 66) oder Rindsuppe (siehe Seite 121)	250 ml
schwarze Pfefferkörner	5
Lorbeerblätter	2
frischer Rosmarin	1 Zweig
unbehandelte Zitronenschale	1 Stück, 2 cm groß
Knoblauchzehen	3
frische Thymianblättchen	1 EL
frische Majoranblättchen	1 EL
Olivenöl extra vergine zum Beträufeln	1–2 EL

Das Fleisch 30 Minuten vor der Zubereitung aus der Kühlung nehmen.

Das Backrohr auf 140 °C vorheizen.

Das Wurzelwerk* und den Stangensellerie putzen und in etwa ½ cm große Würfel schneiden.

Das Fleisch kräftig mit Salz und Pfeffer einreiben und auf einer Seite mehlieren.

Das Olivenöl in einem großen Bräter erhitzen. Die Fleischscheiben auf der bemehlten Seite zuerst kräftig anbraten, dann wenden und auf der anderen Seite anbraten.

Das Fleisch aus dem Bräter nehmen und die Zwiebelwürfel in dem Bratrückstand anbraten, dann die Gemüsewürfel zugeben und 5–7 Minuten mitbraten.

Das Paradeismark* zugeben, ebenfalls kurz mitbraten, dann mit dem Rotwein ablöschen. Danach die Paradeiser* samt Saft zugeben mit dem Kalbsfond bzw. der Suppe aufgießen.

Die Gewürze sowie die ganzen Knoblauchzehen zugeben, salzen und pfeffern und 5–7 Minuten kochen lassen.

Das Fleisch in die Sauce legen und im zugedeckten Bräter etwa 60–70 Minuten sanft schmoren.

Den Rosmarinzweig und die Lorbeerblätter aus der Sauce nehmen. Die Sauce bei Bedarf mit Salz und Pfeffer abschmecken.

Das Ossobuco auf vorgewärmten Tellern anrichten, mit Thymian- und Majoranblättchen bestreuen und mit einigen Tropfen Olivenöl beträufeln.

* Kalbsstelze = hier: Kalbsbeinscheiben; Wurzelwerk = Suppengemüse; Paradeismark = Tomatenmark; Paradeiser = Tomaten

ALS BEILAGE
Polenta (Seite 304)

Gefüllter Kalbsnierenbraten

ZUBEREITUNGSZEIT	ca. 2 Stunden
ZUTATEN	für 4 Personen
ausgelöstes Kalbskarree*	1,2 kg
Salz	
Kalbsniere	1 Niere, ca. 500 g
frische Salbeiblätter (nach Belieben)	4–5
Sonnenblumen- oder Maiskeimöl	3 EL
Butter	50 g
Küchengarn	
Alufolie	

Das Kalbskarree eine Stunde vor der Zubereitung aus der Kühlung nehmen.

Die Unterseite des Kalbskarrees der Länge nach mit einem sehr scharfen Messer einschneiden, als wollte man ein dünnes Schnitzel herausschneiden, diesen Einschnitt salzen.

Das Fett der Niere großzügig entfernen. Die Niere halbieren, innen säubern, salzen, in den Einschnitt legen (nach Belieben 4–5 Salbeiblätter darauflegen) und den dünneren Fleischteil darüberklappen; leicht andrücken.

Das Fleisch mit Küchengarn mehrmals zusammenbinden und großzügig salzen.

Das Backrohr auf 160 °C vorheizen.

Den Braten in einen Bräter geben, mit dem Öl übergießen, die Butter dazugeben und ein Bratenthermometer in die Mitte des Bratens stecken. Das Fleisch braten, bis es eine Kerntemperatur von 75 °C erreicht hat. Während des Bratens das Fleisch immer wieder mit dem entstehenden Bratensaft übergießen.

Den Kalbsnierenbraten aus dem Rohr nehmen, das Bratenthermometer entfernen, das Fleisch mit Alufolie bedecken und mindestens 10 Minuten ruhen lassen.

Das Küchengarn entfernen.

Das Fleisch in Scheiben schneiden und mit dem Bratensaft auf vorgewärmten Tellern anrichten.

Variante: Die Niere separat braten: Die ganze Niere (eine Fettschicht von 1 cm Stärke an der Niere belassen) etwa 30 Minuten vor dem Ende der Garzeit ins Rohr geben und mit dem gerollten Kalbsbraten fertig braten. Ist die Niere am Ende noch nicht durchgebraten, in Scheiben schneiden und in der Pfanne knusprig braten.

* Karree = Rippenstück, Kotelettstück, Kotelettgrat

ALS BEILAGE
In Butter gedünstetes Gemüse und Reis

Geschmorte Kalbsbackerl
in Portwein-Rosmarin-Saftl
Geschmorte Kalbswangen in Portwein-Rosmarin-Sauce

ZUBEREITUNGSZEIT	ca. 1 ¾ Stunden
ZUTATEN	für 4 Personen
Kalbsbackerl*	4 Stück à 180 g
Salz	
schwarzer Pfeffer aus der Mühle	
Sonnenblumen- oder Maiskeimöl	2 EL
Butter	20 g
feine Zwiebelwürfel	80 g
feine Karottenwürfel	100 g
feine Lauchwürfel	60 g
Weizenmehl zum Wenden	
Paradeismark*	1 TL
roter Portwein	125 ml
trockener Weißwein	60 ml
Kalbsfond (siehe Seite 66) oder	250 ml
Rindsuppe (siehe Seite 121)	
frischer Rosmarin	4 Zweige

Das Fleisch 30 Minuten vor der Zubereitung aus der Kühlung nehmen.

Das Backrohr auf 140 °C vorheizen.

Die Kalbsbackerl* kräftig mit Salz und Pfeffer würzen und auf einer Seite mehlieren.

Das Öl in einem großen ofenfesten Topf erhitzen und die Butter darin aufschäumen. Die Kalbsbackerl mit der bemehlten Seite zuerst hineinlegen und anbraten, dann wenden.

Die angebratenen Backerl aus dem Topf nehmen, die Zwiebelwürfel in dem Bratrückstand anbraten, das restliche Gemüse zugeben und 2–3 Minuten mitbraten, das Paradeismark* zugeben, alles gut vermengen und mit Portwein und dem Weißwein ablöschen.

Mit dem Fond oder der Suppe auffüllen, die Kalbsbackerl und die Rosmarinzweige dazugeben, leicht salzen und im Backrohr im zugedeckten Topf bei mittlerer Hitze etwa 1 ½ Stunden sanft schmoren.

Das Fleisch aus der Sauce nehmen und die Sauce mit dem mitgeschmorten Gemüse durch ein Sieb passieren.

Die Sauce nochmals aufkochen; eventuell nachwürzen; das Fleisch wieder in die Sauce legen und 10 Minuten darin ziehen lassen.

Die Backerl mit der Sauce auf vorgewärmten Tellern anrichten.

Tipp: Man kann das Fleisch statt im Backrohr auch zugedeckt bei mittlerer Hitze auf dem Herd schmoren.

* Kalbsbackerl = Kalbswangen; Paradeismark = Tomatenmark

ALS BEILAGE
Polenta (Seite 304)

Geschmortes Kalbsschulterscherzel
in Milch und Honig

ZUBEREITUNGSZEIT	ca. 2 ½ Stunden
MARINIERZEIT	mind. 12 Stunden
ZUTATEN	für 4 Personen
Kalbsschulterscherzel*	1,2 kg
Für die Marinade	
Koriandersamen	3 EL
Milch	500 ml
flüssiger Honig	2 EL
Zum Schmoren	
Salz	
schwarzer Pfeffer aus der Mühle	
Olivenöl	3 EL
Butter	40 g
grob gehackte, weiße Gemüse-zwiebeln	2
Kalbsfond (siehe Seite 66)	250 ml
fein gehackte Petersilie oder fein gehacktes Koriandergrün zum Bestreuen	
Alufolie	

ALS BEILAGE
Reis

Für die Marinade die Koriandersamen in einen Mörser geben und grob zerkleinern. Die Milch mit dem Honig und dem gemörserten Koriander in einen Topf geben und aufkochen. Den Topf vom Herd nehmen und die Marinade abkühlen lassen.

Das Fleisch in eine Schüssel legen, mit der Marinade übergießen und mindestens 12 Stunden – am besten über Nacht – ziehen lassen. Die Schüssel so wählen, dass das Fleisch vollständig mit der Milch-Honig-Marinade bedeckt ist.

Das Backrohr auf 140° vorheizen.

Das Fleisch aus der Marinade nehmen, trocken tupfen und kräftig mit Salz und Pfeffer würzen. Die Marinade für das Schmoren aufheben.

Das Olivenöl in einem Bräter erhitzen und die Butter darin aufschäumen. Das Fleisch darin auf allen Seiten anbraten, dann aus dem Bräter nehmen.

Die Zwiebelwürfel in dem Bratensatz 2–3 Minuten anbraten, mit dem Kalbsfond aufgießen und um die Hälfte reduzieren.

Die Marinade zufügen, alles aufkochen, das Fleisch hineinlegen und zugedeckt im vorgeheizten Rohr etwa 2 Stunden schmoren. Das gare Fleisch herausnehmen, in Alufolie wickeln und 15 Minuten ruhen lassen.

Den Saucenansatz etwa 10–15 Minuten einkochen, mit dem Stabmixer fein pürieren, eventuell durch ein Sieb streichen und mit Salz und Pfeffer abschmecken.

Das Fleisch in Scheiben schneiden, in die Sauce legen und einige Minuten darin ziehen lassen. Auf vorgewärmten Tellern anrichten und mit frisch gehackter Petersilie oder Koriandergrün bestreuen.

* Schulterscherzel = Mittelstück der Schulter, Mittelbug, das Fleisch ist von einer gallertigen Sehne durchzogen, die es besonders saftig macht

Gefüllte Kalbsbrust

ZUBEREITUNGSZEIT	ca. 4 Stunden
ZUTATEN	für 6 Personen
ausgelöste Kalbsbrust	1,8 kg
gehackte Kalbsknochen	1 kg
Salz	
schwarzer Pfeffer aus der Mühle	
Sonnenblumen- oder Maiskeimöl	3 EL
Butterflocken	60 g
Für die Füllung	
in große Würfel geschnittene Semmeln	4 Stück (340 g)
Milch	250 ml
zerlassene Butter	120 g
Eigelb	4
Eiweiß	4
fein gehackte Petersilie	3 EL
Salz	
schwarzer Pfeffer aus der Mühle	
frisch geriebene Muskatnuss	
Küchengarn	

ALS BEILAGE
Erdäpfelsalat* (Seite 314),
Krautsalat (Seite 318), Gurkensalat
und/oder Paradeissalat*

Das Fleisch 1 Stunde vor der Zubereitung aus der Kühlung nehmen.

Das Backrohr auf 160 °C vorheizen.

Die Semmelwürfel in eine Schüssel geben und mit der kalten Milch übergießen. Kurz durchziehen lassen.

Die Butter in einem Topf bei geringer Hitze langsam schmelzen. Den Topf vom Herd nehmen und die flüssige Butter kurz abkühlen lassen.

Die Eiweiß mit einer Prise Salz steif schlagen.

Die Eigelb mit der zerlassenen Butter verrühren, die Mischung über die Semmelmasse gießen. Die gehackte Petersilie zugeben, alles mit Salz, Pfeffer und Muskatnuss würzen und gut vermengen. Dann mit einem Kochlöffel den Eischnee unterheben.

Die ausgelöste Kalbsbrust auf beiden Seiten gut mit Salz und Pfeffer einreiben.

Die Füllung in Form einer großen Rolle parallel zum Verlauf der Fleischfasern auf die Fleischplatte legen.

Das Fleisch über der Füllung zusammenrollen und mit Küchengarn etwa 5-mal binden, sodass eine gleichmäßig dicke Rolle entsteht.

Die Knochen in einem tiefen Backblech verteilen, die Kalbsbrust darauflegen, alles mit dem Sonnenblumenöl übergießen und mit den Butterflocken belegen.

Das Fleisch im vorgeheizten Backrohr etwa 2½ bis 3 Stunden braten.

Die Kalbsbrust ist gar, wenn sich beim Anstechen die Fleischgabel leicht herausziehen lässt.

Das gare Fleisch im abgeschalteten Backrohr mindestens 15 Minuten ruhen lassen.

Das Fleisch aufschneiden und mit dem Bratensaft servieren.

* Erdäpfelsalat = Kartoffelsalat; Paradeissalat = Tomatensalat

KALBFLEISCH KOCHEN (SIEDEN)

1. **Beuschel (Lunge):** zusammen mit Zunge und Herz das klassische Wiener Salonbeuschel
2. **Zunge:** gekocht mit Püree oder mit leichter Vinaigrette als Kalbfleischsalat
3. **Herz:** fein und aromatisch für das Rahmherz
4. **Fricandeau (Unterschale):** gute Alternative zur Nuss für Vitello Tonnato
5. **Schulterscherzel (Mittelstück der Schulter, Mittelbug):** besonders saftiges Siedefleischstück, wie beim Rind mit der typischen Sehne in der Mitte
6. **Nuss (Kugel):** fein und zart – auch kalt, dünn aufgeschnitten und fein mariniert eine Köstlichkeit
7. **Tafelspitz:** kann wie vom Rind verarbeitet werden und gibt auch noch herrliche Suppe als Saucenbasis

Kalbsfond

ZUBEREITUNGSZEIT	ca. 4 Stunden
ZUTATEN	für ca. 1–1½ l
grob gehackte Kalbsknochen	1 kg
Weizenmehl	1 EL
Sonnenblumen- oder Maiskeimöl	3 EL
frisches Lorbeerblatt	1
Pimentkörner	3
schwarze Pfefferkörner	5
geschälte und geviertelte Zwiebeln	160 g
grob geschnittener Staudensellerie	120 g
grob geschnittener Lauch	120 g
frischer Thymian	13–4 Zweige
frische Petersilie	3 Stengel
frischer Salbei	3–4 Blätter
Salz	

Die Kalbsknochen mit dem Mehl bestäuben.

Das Öl in einem großen Topf erhitzen und die Knochen darin unter mehrmaligem Rühren etwa 15 Minuten dunkel anbraten.

Mit 2 ½ l kaltem Wasser aufgießen, das Lorbeerblatt, die Pimentkörner und die Pfefferkörner hinzufügen und bei geringer Hitze 2 ½ Stunden köcheln lassen.

Dann die Zwiebeln, den Staudensellerie und den Lauch dazugeben und weitere 30 Minuten köcheln lassen.

Den Topf vom Herd nehmen, den Thymian, die Petersilie sowie den Salbei zugeben und 10–15 Minuten durchziehen lassen.

Den Fond durch ein feines Sieb abseihen*, abkühlen lassen und dann kalt stellen.

Die nach dem Erkalten entstandene Fettschicht vorsichtig abheben.

Den Fond nochmals aufkochen, salzen, in saubere Gläser füllen, verschließen, abkühlen lassen und bis zum Verwenden kalt stellen oder in Kunststoffbehälter füllen und tiefkühlen.

* abseihen = abgießen

Gebackener Kalbskopf

ZUBEREITUNGSZEIT	ca. 30 Minuten
WÄSSERN UND KOCHEN	etwa 5 Stunden
AUSKÜHLZEIT	ca. 8 Stunden
ZUTATEN	für 6 – 8 Personen
Kalbskopf ohne Hirn	½ Kopf, ca. 2,8 kg
schwarze Pfefferkörner	10
Wacholderbeeren	5
Pimentkörner	5
geputztes Wurzelwerk* (Karotte, gelbe Rübe, Sellerie, Lauch)	1 Bund
Zwiebel	1
Weißweinessig	2 – 3 EL
unbehandelte, abgeriebene Zitronenschale	½ TL
Salz	1 TL
schwarzer Pfeffer aus der Mühle	
Semmelbrösel*	300 g
fein gehackte Petersilie	5 EL
Weizenmehl	100 g
verquirlte Eier	4
Butterschmalz zum Ausbacken	500 g
Serviette oder Frischhaltefolie zum Einrollen	
Küchengarn	

Den Kalbskopf waschen und 2 Stunden in kaltes Wasser legen. Das Wasser immer wieder wechseln.

Den Kalbskopf in einen großen Topf legen und ganz mit kaltem Wasser bedecken, aufkochen, das Wasser abschütten. Erneut mit kaltem Wasser auffüllen und zum Kochen bringen.

Die Gewürze, das Wurzelwerk, die ganze Zwiebel und den Essig zugeben, etwas salzen und den Kalbskopf bei mittlerer Hitze so lange kochen, bis sich das Fleisch vom Knochen löst. Den Kalbskopf aus dem Sud nehmen und abkühlen lassen. Dann das Fleisch und die Haut von den Knochen lösen, fettere Schichten und Knochensplitter entfernen. Die Haut sehr fein hacken und das Fleisch in große Stücke schneiden. Die gehackte Haut mit dem Fleisch und dem Zitronenabrieb vermengen, kräftig mit Salz und Pfeffer abschmecken.

Die Masse der Länge nach auf eine befeuchtete Serviette oder Frischhaltefolie auftragen, eng zusammenrollen, die Enden mit Küchengarn fixieren und über Nacht in den Kühlschrank stellen.

Den Kalbskopf aus der Serviette wickeln, in ½ cm dicke Scheiben schneiden, salzen und pfeffern.

Die Brösel* mit der Petersilie vermengen. Die Kalbskopfscheiben in Mehl, Eiern und den Petersiliebröseln wenden und in heißem Butterschmalz ausbacken.

Variante – Geschmolzener Kalbskopf: Den Kalbskopf sehr dünn aufschneiden, flach auf Teller legen und im Backrohr bei 100 °C erwärmen. 100 g Cocktailtomaten vierteln, mit 1 EL gehackten Kapern, 1 Msp. Zitronenabrieb, 1 Handvoll Rucola und 2 – 3 EL Olivenöl extra vergine vermengen. Die Mischung über den Kalbskopf geben, salzen, pfeffern und mit etwa Aceto balsamico beträufeln.

ALS BEILAGE
Erdäpfelsalat (Seite 314)*

* Wurzelwerk = Suppengrün; Semmelbrösel = Paniermehl; Erdäpfelsalat = Kartoffelsalat

Salonbeuschel

Verfeinertes Ragout von Herz und Lunge

ZUBEREITUNGSZEIT	ca. 3 ¾ Stunden	
ZUTATEN	für 4 Personen	
Kalbslunge	800 g	
Kalbsherz	½ Herz,	
	ca. 300–400 g	
geputztes Wurzelwerk*	250 g	
schwarze Pfefferkörner	5	
Pimentkörner	5	
Wacholderbeeren	3	
Lorbeerblatt	1	
ungeschälte Zwiebel	1	
Knoblauchzehen	2	
frische Petersilie	2–3 Stengel	
Salz		
Für die Sauce		
Butter	50 g	
fein geschnittene Zwiebel	80 g	
Weizenmehl	2 EL	
trockener Weißwein	125 ml	
getrockneter Majoran	½ TL	
fein gehackte Sardellenfilets	2	
fein gehackte Kapern	1 EL	
fein gehackte Essiggurken	1 EL	
fein abgeriebene, unbehandelte Zitronenschale	½ TL	
Dijon-Senf	1 EL	
Worcestersauce	1 EL	
Salz		
schwarzer Pfeffer aus der Mühle		
Crème fraîche	3 EL	
gehackte glatte Petersilie	3 EL	

ALS BEILAGE
Semmelknödel (Seite 300) oder
Serviettenknödel (Seite 302)

Die Lunge und das halbe Herz etwa 10 Minuten in kaltes Wasser legen, anschließend nochmals gut waschen.

Die Lunge mehrmals mit der Gabel einstechen, damit beim Kochen die noch vorhandene Luft entweicht und die Lunge nicht an der Oberfläche schwimmt.

Das Wurzelwerk* mit dem Fleisch, den Gewürzen, der Zwiebel, dem Knoblauch und der Petersilie in einen großen Topf geben und mit so viel kaltem Wasser auffüllen, dass alles bedeckt ist. Salzen, aufkochen und bei geringer Hitze etwa 1–1½ Stunden kochen. Die Lunge sollte gelegentlich gewendet werden.

Die Lunge aus dem Kochsud nehmen und zum Abkühlen in eine Schüssel mit kaltem Wasser legen.

Das Herz etwa ½ Stunde weiterkochen lassen, dann ebenfalls zum Abkühlen in das kalte Wasser legen.

Die Lunge von den Resten der Speise- und Luftröhre befreien; beide Fleischsorten in feine Streifen schneiden.

Für den Saucenansatz die Butter in einem großen Topf zerlassen und die Zwiebeln darin glasig schwitzen; das Mehl dazugeben und unter ständigem Rühren dunkelbraun braten.

Die Sauce mit dem Wein ablöschen, aufkochen und mit ca. 500 ml abgeseihtem* Beuschelfond aufgießen; den Saucenansatz bei geringer Hitze etwa 15 Minuten kochen, bis er eine cremige Konsistenz hat.

Das geschnittene Beuschel sowie Majoran, Sardellen, Kapern, Essiggurken, Zitronenschale, Senf und Worcestersauce zugeben, gut vermengen und mit Salz und Pfeffer abschmecken. Das Beuschel bei geringer Hitze noch 15–20 Minuten »durchziehen« lassen. Zum Schluss die glatt gerührte Crème fraîche und die Petersilie untermengen. Das Beuschel heiß servieren.

*Wurzelwerk = Suppengemüse; abgeseiht = hier: durch ein feines Sieb abgegossen, also »gefiltert«

Rahmherz

ZUBEREITUNGSZEIT	ca. 3 Stunden
ZUTATEN	für 4 Personen
Kalbs- oder Rindsherz	800 g
Wurzelwerk* (Karotte, gelbe Rübe, Petersilienwurzel, Lauch)	250 g
schwarze Pfefferkörner	5
Wacholderbeeren	4
Lorbeerblatt	1
Salz	
Sonnenblumen- oder Maiskeimöl	3 EL
fein gehackte Zwiebel	100 g
grob gehackte Knoblauchzehen	2
fein geschnittene Karottenwürfel	80 g
fein geschnittene Gelbe-Rüben-Würfel	80 g
Paradeismark*	1 EL
edelsüßes Paprikapulver	2 TL
unbehandelte Zitronenschale	1 daumengroßes Stück
Lorbeerblatt	1
Pfefferkörner	5
Crème fraîche	2 EL
grob gehackte Kapern	2 EL
Salz	
schwarzer Pfeffer aus der Mühle	

Das Herz gründlich waschen, trocken tupfen, teilen und säubern (alle Gefäße und Sehnen etc. entfernen).

Das Fleisch mit dem Wurzelwerk und den Gewürzen in einen Topf geben, mit etwa 2 ½ l kaltem Wasser auffüllen, etwas salzen und bei mittlerer Hitze etwa 2 Stunden weich kochen. Aufsteigenden »grauen Schaum« immer wieder abschöpfen.

Den Topf vom Herd nehmen und das gekochte Herz bis zur Weiterverarbeitung im Sud ziehen lassen.

Das Öl in einem großen Topf erhitzen, die gehackten Zwiebeln und den Knoblauch darin anschwitzen, die Karotten und die gelbe Rübe zugeben und 1–2 Minuten mitbraten.

Das Paradeismark* untermengen, das Paprikapulver darüberstreuen, vermengen und mit ca. 500 ml Kochfond aufgießen.

Die Zitronenschale, das Lorbeerblatt sowie die Pfefferkörner zugeben und den Saucenansatz etwa 20 Minuten im zugedeckten Topf bei mittlerer Hitze kochen.

Den Topf vom Herd nehmen, die Zitronenschale und das Lorbeerblatt entfernen. ⅔ der Sauce in ein hohes Mixglas geben und fein pürieren. Das Püree zu dem restlichen Saucenansatz geben und alles einmal aufkochen. Sollte die Sauce zu dickflüssig sein, etwas Kochfond zugeben.

Die Crème fraîche und die gehackten Kapern unterrühren und mit Salz und Pfeffer abschmecken.

Das Herz aus dem Kochfond nehmen, in dünne Scheiben oder Streifen schneiden, in die heiße Sauce einlegen und nochmals kurz erhitzen.

* Wurzelwerk = Suppengemüse; Paradeismark = Tomatenmark

ALS BEILAGE
*Semmelknödel (Seite 300) oder
frische Semmeln*

Kalbszunge

ZUBEREITUNGSZEIT	ca. 2 ¼ Stunden
ZUTATEN	für 4 Personen
1 Kalbszunge	ca. 800 g
Lorbeerblatt	1
schwarze Pfefferkörner	3–4
grob geschnittenes Wurzelgemüse (etwa Karotten, Knollensellerie, Petersilienwurzel)	1 Bund, ca. 250 g
Salz	

Die Kalbszunge gründlich waschen und mit dem Lorbeerblatt und den Pfefferkörnern in einen Topf geben, dann mit kaltem Wasser auffüllen, bis alles gut bedeckt ist.

Das Wurzelgemüse zugeben und die Zunge etwa 1 ½ – 2 Stunden bei mittlerer Hitze weich kochen.

Den Fond nach der Hälfte der Kochzeit salzen.

Die gekochte Zunge aus dem Sud nehmen, kurz in kaltes Wasser legen, dann häuten und bis zum Anrichten wieder in den Sud legen und darin warm halten.

Die Zunge aus dem Sud nehmen, in etwa ½ cm dicke Scheiben schneiden, bei Bedarf etwas salzen und mit dem Salbei-Erbsen-Püree anrichten.

Kalbszunge in Paradeisvinaigrette
Kalbszunge in Tomatenvinaigrette

ZUBEREITUNGSZEIT	ca. 2 ¼ Stunden
ZUTATEN	für 4 Personen
Paradeiser*	4 Stück, ca. 300 g
Salz	
Olivenöl extra vergine	6 EL
Rindsuppe (siehe Seite 121)	60 ml
Aceto balsamico	4 EL
schwarzer Pfeffer aus der Mühle	
grob geschnittenes Basilikum	5 EL

Die Paradeiser* am Stielansatz kreuzweise einschneiden, kurz in kochendes Wasser legen, anschließend in kaltem Wasser abschrecken und häuten, halbieren, entkernen und das Fruchtfleisch in kleine Würfel schneiden.

Die Paradeiswürfel salzen und kurz ziehen lassen. Dann das Öl, die Rindsuppe und den Balsamico hinzufügen, gut vermengen und mit Salz und Pfeffer abschmecken. Zum Schluss das geschnittene Basilikum zugeben.

Die Zunge wie oben beschrieben zubereiten. Die gare Zunge in feine Scheiben schneiden, auf einer Platte anrichten und mit der Paradeis-Vinaigrette überziehen.

ALS BEILAGE
Salbei-Erbsen-Püree (Seite 312)

* Paradeiser = Tomaten

KALBFLEISCH BACKEN

1 **Kalbsschale (früher das »Kaiserteil«, Oberschale):** *das* klassische Wiener Schnitzel – extrem fein in der Faserung und erstklassig im Geschmack

2 **Karreerose (ausgelöstes Karree, Rippenstück, Kotelettstück):** kann auch etwas dicker geschnitten werden, wunderbar zart und saftig

3 **Kalbsfilet:** das edelste Stück, eine zarte Sensation

4 **Weißes Scherzel (Schwanzrolle):** etwas kräftigere Muskelfaser – der »falsche Lungenbraten« vom Kalb

5 **Leber:** besonders zart – bloß nicht übergaren!

6 **Kalbs-T-Bone-Steak:** Fettrand unbedingt mitbacken, das macht das edle Stück saftig. Und der Knochen sorgt für Geschmack

7 **Schlussbraten (Hüfte):** Teil des Schlögels (Keule), ein bisschen durchzogener, aber dennoch von feiner Fleischfaserung

8 **Nuss (auch Kugel genannt, Teilstück aus der Keule):** das Stück neben dem Schlussbraten – für alle, die es herzhaft lieben

9 **Fricandeau (Unterschale):** das magere Stück neben Nuss und Schlussbraten

Cordon bleu

ZUBEREITUNGSZEIT	ca. 30 Minuten
ZUTATEN	für 4 Personen
Kalbsschnitzel von der Schale oder vom Fricandeau, dünn und doppellappig*	4 Stück à 180 g
Salz	
Emmentaler	4 Scheiben à 30 g
Schinken	4 Scheiben à 25 g
Weizenmehl	120 g
große Eier, in einer Schüssel verquirlt	3
Semmelbrösel*	250 g
Butterschmalz oder	750 g
Sonnenblumen- oder Maiskeimöl zum schwimmend Ausbacken	750 ml
Zitrone zum Garnieren	
Frischhaltefolie	
Küchenkrepp	

Das Fleisch 30 Minuten vor der Zubereitung aus der Kühlung nehmen.

Die Schnitzel auf ein großes Brett legen, mit Frischhaltefolie bedecken und mit der flachen Seite des Fleischklopfers leicht klopfen, dann beidseitig salzen.

Je eine Scheibe Emmentaler auf jede Scheibe Schinken legen und mit der Schinkenseite nach außen einmal zusammenlegen.

Die Schinken-Käse-Packerl auf eine Seite des »aufgeklappten« Schnitzels legen, die zweite darüberlegen und die Fleischränder mit dem Fleischklopfer (flache Seite) leicht klopfen, damit diese besser zusammenhalten.

Die gefüllten Schnitzel zuerst beidseitig mehlieren, dann durch die verquirlten, leicht gesalzenen Eier ziehen und zuletzt beidseitig in den Bröseln wenden, diese mit den flachen Händen leicht andrücken.

Die panierten Schnitzel bei Bedarf noch einmal durch die Eier ziehen und in den Bröseln wenden und die Panade leicht andrücken.

Das Butterschmalz oder das Öl in einer Pfanne erhitzen.

Die Cordon bleus ins heiße Fett einlegen, die Hitze etwas reduzieren und auf jeder Seite etwa 3 Minuten goldbraun ausbacken.

Die gebratenen Cordon bleus auf Küchenkrepp gut abtropfen lassen.

Die Cordon bleus auf vorgewärmten Tellern anrichten und mit je einem Stück Zitrone garnieren.

* doppellappig = Fleisch in der Hälfte und quer zur Faser einschneiden und zu einer Platte »aufklappen«; Semmelbrösel = Paniermehl; Erdäpfel = Kartoffeln

ALS BEILAGE
Erdäpfelsalat (Seite 314)*
oder Blattsalat

Pariser Schnitzel

ZUBEREITUNGSZEIT	ca. 20 Minuten
ZUTATEN	für 4 Personen
Kalbsschnitzel von der Schale oder Karreerose*	4 Stück à 200 g 8 Stück à 100 g
Salz	
Weizenmehl	100 g
Butterschmalz oder	500 g
Sonnenblumen- oder Maiskeimöl zum schwimmend Ausbacken	500 ml
Eier	4
Zitronenspalten zum Garnieren	4 bzw. 8
Frischhaltefolie	
Küchenkrepp	

Das Fleisch 30 Minuten vor der Zubereitung aus der Kühlung nehmen.

Die Schnitzel auf ein großes Brett legen, mit Frischhaltefolie bedecken und mit der flachen Seite des Fleischklopfers leicht klopfen.

Das Backrohr auf 60 °C vorheizen.

Die Schnitzel salzen und mehlieren, dabei das Mehl mit den Händen etwas andrücken.

Das Butterschmalz oder Öl in einer Pfanne erhitzen.

Die Eier in einer flachen Schale mit einer Gabel leicht verquirlen, leicht salzen und die Schnitzel durchziehen.

Die Schnitzel aus dem Ei nehmen, sofort in das heiße Fett legen und nacheinander auf jeder Seite goldbraun ausbacken. Die durch das Ausbacken entstandenen »Eierflankerl« immer wieder abschöpfen.

Die gebratenen Schnitzel auf Küchenkrepp abtropfen lassen und im Backrohr warm halten.

Die Pariser Schnitzel auf vorgewärmten Tellern mit Zitronenspalten anrichten.

Tipp: Die Eiermasse mit 2 – 3 EL frisch geriebenem Parmesan vermengen.

* Karreerose = ausgelöstes Karree, Rippenstück, Kotelettstück, Kotelettgrat; Paradeissalat = Tomatensalat

ALS BEILAGE
*Paradeissalat**

Wiener Schnitzel

ZUBEREITUNGSZEIT	ca. 30 Minuten
ZUTATEN	für 4 Personen
Kalbsschnitzel von der Schale	4 Stück doppelt bzw. 8 Stück einfach geschnitten, 800 g
Salz	
Eier	3
Schlagobers* oder Milch	2–3 EL
Weizenmehl	120 g
Semmelbrösel*	250 g
Butterschmalz oder	500 g
Sonnenblumen- oder Maiskeimöl	500–750 ml
Zitronenscheiben zum Garnieren	4 bzw. 8
Frischhaltefolie	
Küchenkrepp	

Das Fleisch 30 Minuten vor der Zubereitung aus der Kühlung nehmen.

Die Schnitzel auf ein großes Brett legen, mit Frischhaltefolie bedecken und mit der flachen Seite des Fleischklopfers dünn ausklopfen.

Die Schnitzel beidseitig salzen.

Die Eier mit dem Schlagobers* oder der Milch in einer flachen Schüssel mit einer Gabel kurz verquirlen und leicht salzen.

Die Schnitzel beidseitig mehlieren, durch die verquirlte Ei-Milch-Mischung ziehen und zuletzt in den Semmelbröseln* wenden. Die Brösel leicht andrücken.

Das Butterschmalz oder das Öl in einer Pfanne erhitzen. Einige Brösel in das heiße Fett geben, schäumt das Fett, hat es die richtige Temperatur zum Ausbacken.

Jeweils 2–3 Schnitzel in das heiße Fett legen und auf beiden Seiten goldbraun backen.

Die Pfanne beim Ausbacken immer leicht schwenken, dadurch wird die Panade schön wellig.

Die Schnitzel aus dem Fett nehmen und auf Küchenkrepp gut abtropfen lassen.

Jedes Schnitzel mit einer Zitronenscheibe auf vorgewärmten Tellern anrichten.

* Schlagobers = Sahne; Semmelbrösel = Paniermehl, Achtung: handelsübliches Paniermehl ist für dieses Rezept oftmals zu feinbröselig. Vielleicht erhalten Sie beim Bäcker richtige »Semmelbrösel«; Erdäpfelsalat = Kartoffelsalat

ALS BEILAGE
Erdäpfelsalat (Seite 314)*

Rind

Gulaschsuppe

ZUBEREITUNGSZEIT	ca. 1 ¾ Stunden
ZUTATEN	für 4 Personen
Wadschinken*	300 g
Schmalz oder	3 EL
Sonnenblumen- oder Maiskeimöl	60 ml
große, in feine Würfel geschnittene Zwiebeln	4
grob gehackte Knoblauchzehen	4
Kümmelsamen	1 TL
getrockneter Majoran	2 TL
Paradeismark*	2 EL
edelsüßes Paprikapulver	1 EL
Rindsuppe (siehe Seite 121)	1 l
Chilischote	1
festkochende, kleinwürfelig geschnittene Erdäpfel*	300 g
Weizenmehl zum Binden	1 EL
Salz	
schwarzer Pfeffer aus der Mühle	

Das Fleisch in 1 cm große Würfel schneiden und bis zur Weiterverarbeitung zugedeckt bei Zimmertemperatur beiseitestellen.

Das Schmalz oder das Öl in einem großen Topf erhitzen, die Zwiebeln und den Knoblauch zugeben und bei geringer Hitze etwa 15 Minuten anschwitzen. Die Zwiebeln sollten hellbraun und sehr weich sein.

Den Kümmel und den Majoran zugeben und weitere 2–3 Minuten mitbraten. Das Paradeismark unterrühren, den Topf vom Herd nehmen, das Paprikapulver unterrühren, den Topf wieder auf den Herd stellen und mit der Rindsuppe aufgießen.

Diesen Gulaschansatz einmal aufkochen, die Hitze reduzieren, die Fleischwürfel und die ganze Chilischote zugeben, salzen und die Suppe etwa 45 Minuten sanft köcheln lassen.

Dann die Erdäpfelwürfel* in die Suppe geben und etwa 20 Minuten weiterkochen, bis die Erdäpfel weich sind.

Den Topf vom Herd nehmen, das Mehl mit 125 ml kaltem Wasser glatt rühren und die Suppe damit binden. Den Topf wieder auf den Herd stellen und die Suppe weitere 3–4 Minuten kochen. Dann die Chilischote entfernen, die Suppe mit Salz und Pfeffer abschmecken und servieren.

Tipp: Die Suppe eignet sich bestens dazu, eine größere Menge zuzubereiten und portionsweise einzufrieren!

*Wadschinken = Hinterbein, Hesse, Haxe, Wadschenkel, Beinfleisch, Stotzen (schw.); Paradeismark = Tomatenmark; Erdäpfel = Kartoffeln

ALS BEILAGE
Roggenbrot oder frische Semmeln

Beef Tatar

ZUBEREITUNGSZEIT	ca. 30 Minuten
ZUTATEN	für 4 Personen
Rindfleisch (Lungenbratenspitzen*, Hüftsteak)	600 g
Eigelb	4
fein gehackte Essiggurken	2 EL
fein geschnittene Zwiebeln	2 EL
fein gehackte Sardellenfilets	2
zerdrückte Kapern	1 TL
Olivenöl extra vergine	2 EL
Dijon-Senf	1 EL
edelsüßes Paprikapulver	1 TL
Salz	
schwarzer Pfeffer aus der Mühle	
abgeriebene, unbehandelte Zitronenschale	½ TL
frische Schnittlauchröllchen	2 EL
Tabasco	1 Spritzer

Das Rindfleisch mit einem scharfen Messer in kleine Stücke schneiden und sehr fein hacken, danach gründlich mit den Eigelb, den Essiggurken, den Zwiebeln, den Kapern und den Sardellen vermengen.

Das Olivenöl zugeben und das Tatar mit dem Senf, dem Paprikapulver, Salz und Pfeffer sowie etwas Zitronenabrieb, Schnittlauchröllchen und dem Tabasco würzig abschmecken.

Das Beef Tatar zu vier kleinen Laibchen formen und anrichten.

Wichtig: Beef Tatar erhält durch das Hacken eine große Oberfläche, was die Vermehrung von Keimen begünstigt. Es muss daher immer frisch, das heißt unmittelbar vor dem Verzehr zubereitet werden. Man kann das Beef Tatar auch klassisch unmariniert mit dem Eigelb in der Mitte und den Zutaten am Tellerrand anrichten und jeder würzt und mariniert seine Portion nach seinem Geschmack.

* Lungenbratenspitzen = Filetspitzen

ALS BEILAGE
Getoastetes Weißbrot
und marinierte Blattsalate

RINDFLEISCH BRATEN & SCHMOREN

1 **Backerl (Bäckchen):** wieder entdecktes, sehr traditionelles Schmorstück der Wiener Küche: die Wange vom Rind. Ein Muskel, der zeitlebens gut beschäftigt ist – und daher ein Stück von besonders feiner Saftigkeit ergibt

2 **Runder Zapfen (Kugel):** aus der Mitte des Knöpfels oder Schlögels – fast fettfrei, leicht und gut

3 **Beinscherzel (Teil der Oberschale):** Teil des Knöpfels oder Schlögels– zeichnet sich besonders durch zarte Muskelstruktur aus

4 **Beinscheibe:** entspricht dem »Ossobuco« vom Kalb, eine echte Spezialität für Liebhaber

5 **Weißes Scherzel (Schwanzrolle, äußere Rose):** das Teilstück für alle, die es besonders mager mögen, ist allerdings nicht wirklich saftig

6 **Hinterer Wadschinken (Hinterhesse, hinterer Wadschenkel):** auf gut Wienerisch das »G'schnatter«: kräftiges, mit Sehnen durchzogenes Fleisch, herzhaft und saftig – das klassische Wiener Gulaschfleisch, aber im Ganzen auch hervorragend zum Schmoren geeignet

7 **Hüferlbraten (Fleisch aus der Hüfte):** zart und mager und durch die feine Marmorierung im Inneren auch sehr saftig – ein klassischer Rindsbraten

8 **Schulterscherzel (Schaufelstück):** echter Allroundteil; typisch ist die gallertige Sehne in der Mitte, besonders »g'schmackig« und saftig

9 **Rostbraten (Rundes Roastbeef) im Ganzen, gebunden:** saftig durchzogen, ein herzhaftes Schmorstück

10 **Beiried (Flaches Roastbeef):** der klassische Roastbeefteil, aber auch ein besonders zartes Stück zum Schmoren

11 **Hinteres Ausgelöstes (Hochrippe):** zwischen Hals und Rostbraten gelegenes herzhaftes Bratenstück

12 **Fledermaus (ausgelöstes Fleisch aus dem Kreuzbein):** klassisches, extra feines Schmorstück aus dem Beckenknochen des Rindes; in der traditionellen Wiener Rindfleischküche auch »heiliger Geist« oder »Schalplattl« genannt

13 **Ochsenschlepp (Ochsenschwanz):** gibt exzellenten Saft durch den Knochenanteil

Geschmortes Riesling-Beinfleisch

ZUBEREITUNGSZEIT	ca. 5 ½ Stunden
RASTZEIT	1 Stunde
ZUTATEN	für 4 Personen
Beinfleisch	1,6 kg
trockener Weißwein (Riesling)	500 ml
festkochende, geschälte und geviertelte Erdäpfel*	600 g
ganze, geschälte Schalotten	400 g
Kapern	2 EL
Salz	
schwarzer Pfeffer aus der Mühle	

Das Fleisch 1 Stunde vor der Zubereitung aus der Kühlung nehmen.

Das Backrohr auf 160 °C vorheizen.

Das Fleisch in einen Bräter oder gusseisernen Topf geben, mit 250 ml Riesling übergießen und im unbedeckten Bräter (Topf) im Rohr etwa 40 Minuten garen.

Die Erdäpfel mit den ganzen Schalotten, den Kapern und dem restlichen Riesling zu dem Fleisch in den Bräter geben.

Die Hitze auf 120 °C reduzieren und das Beinfleisch im bedeckten Bräter etwa 4 Stunden schmoren.

Dann den Ofen ausschalten und das fertig gegarte Fleisch etwa 30 Minuten ruhen lassen.

Das gare Fleisch vom Knochen lösen, in Scheiben schneiden, mit den Erdäpfeln und den Schalotten in tiefen Tellern anrichten, salzen, pfeffern und mit dem Weinsud übergießen.

Tipp für alle, die mageres Fleisch bevorzugen: Dieses Gericht lässt sich auch gut mit einem Wadschinken* oder einem mageren Meisel* zubereiten. Die Zubereitungszeit ist dann entsprechend kürzer, das Fleisch sollte eine Kerntemperatur von 80 °C erreichen.

* Erdäpfel = Kartoffeln; Wadschinken = Hinterbein, Hesse, Haxe, Wadschenkel, Beinfleisch, Stotzen (schw.); Mageres Meisel = Falsches Filet, Schulterfilet

Rindslungenbraten
in Wurzelrahmsauce
Rinderfilet in Wurzelrahmsauce

ZUBEREITUNGSZEIT	ca. 2 Stunden
ZUTATEN	für 4 Personen
Rindslungenbraten*	1–1,2 kg
Salz	
schwarzer Pfeffer aus der Mühle	
Dijon-Senf	1 EL
Butter	40 g
Oliven- oder Sonnenblumenöl	2 EL
Zwiebel, in Streifen geschnitten	1
Selchspeck*, in feine Würfel geschnitten	50 g
Karotte, in Streifen geschnitten	1
gelbe Rübe, in Streifen geschnitten	1
Knollensellerie, in Streifen geschnitten	¼
Lauch, in Streifen geschnitten	1 Stück, ca. 10 cm
Paradeismark*	1 TL
trockener Rotwein	125 ml
Rindsuppe (siehe Seite 121)	750 ml
Wacholderbeeren	4
Pimentkörner	3
Lorbeerblatt	1
unbehandelte Zitronenschale	1 Stück, ca. 2 cm
Sauerrahm	2 EL
Weizenmehl	1 EL
Wasser	2 EL

Das Fleisch 1 Stunde vor der Zubereitung aus der Kühlung nehmen.

Das Fleisch kräftig mit Salz und Pfeffer einreiben, mit Senf bestreichen.

Das Backrohr auf 100 °C vorheizen.

Die Butter in einem Bräter aufschäumen, das Öl hinzufügen und den Lungenbraten* von allen Seiten anbraten. Das Fleisch aus dem Bräter nehmen und beiseitestellen.

Die Zwiebeln in dem Bratrückstand kurz anbraten, den Speck zugeben, ebenfalls kurz mitbraten, zum Schluss das Wurzelgemüse zufügen; etwas salzen und 6–7 Minuten anbraten.

Dann das Paradeismark* zugeben, alles gut durchmengen und mit dem Rotwein ablöschen. Dann mit 500 ml Rindsuppe aufgießen, sämtliche Gewürze sowie die Zitronenschale zugeben und den Saucenansatz 6–7 Minuten ganz leicht köcheln lassen.

Das Fleisch in die Sauce legen, ein Bratenthermometer hineinstecken und im Rohr bei 100 °C – im offenen Bräter – auf eine Kerntemperatur von 67 °C (ca. 1 ½ Stunden) braten.

Das Fleisch aus der Sauce nehmen und im Rohr bei 60 °C warm halten.

Den Saucenansatz mit der restlichen Rindsuppe auffüllen und auf dem Herd bei mittlerer Hitze etwa 8–10 Minuten sanft einkochen.

Das Lorbeerblatt entfernen und den Saucenansatz mit dem Stabmixer pürieren. Den Sauerrahm mit dem Mehl und 2 EL Wasser verquirlen, einrühren und bei geringer Hitze 5–6 Minuten köcheln lassen.

Das Fleisch in Tranchen schneiden, in die Wurzelrahmsauce legen und 10 Minuten darin ziehen lassen.

ALS BEILAGE
Serviettenknödel (Seite 302)
und Preiselbeerkompott

*Rindslungenbraten = Rinderfilet oder Rinderlende; Selchspeck = Räucherspeck; Paradeismark = Tomatenmark

Rindsbraten
mit Wurzelgemüse gespickt

ZUBEREITUNGSZEIT	ca. 3 Stunden
ZUTATEN	für 4–6 Personen
flacher Zapfen* oder Hüferlbraten*	1,8 kg
Karotte	100 g
gelbe Rübe	1
Knollensellerie	80 g
Salz	
schwarzer Pfeffer aus der Mühle	
Sonnenblumen- oder Maiskeimöl	4 EL
fein gewürfelte Zwiebel	180 g
fein gewürfeltes Wurzelwerk*	200 g
(Karotte, Sellerie, gelbe Rübe)	
Paradeismark*	2 EL
Weizenmehl	1 EL
kräftiger Rotwein	250 ml
Rindsuppe (siehe Seite 121)	125 ml
oder Wasser	
schwarze Pfefferkörner	5
Lorbeerblätter	2
frischer Rosmarin	1 Zweig
geschälte Knoblauchzehen	2–3

Das Fleisch etwa 1 Stunde vor der Zubereitung aus der Kühlung nehmen.

Die Karotten, die gelbe Rübe und den Sellerie schälen, in etwa 12 cm lange und 1 cm dicke Stifte schneiden. Die Abschnitte für die Sauce aufheben.

Das Rindfleisch mit einem langen, dünnen Messer in Faserrichtung einstechen bzw. fast durchstechen und einige Gemüsestifte in den Einstich stecken. (Statt eines Messers kann man auch eine Spicknadel verwenden.) Diesen Vorgang im Abstand von je 3 cm wiederholen. Das gespickte Fleisch kräftig mit Salz und Pfeffer würzen.

Das Backrohr auf 160 °C vorheizen.

Für die Sauce das Öl in einem großen Topf erhitzen, die Zwiebelwürfel und das Wurzelwerk* 3–5 Minuten darin anbraten, das Paradeismark* und das Mehl zugeben, kurz mitbraten, mit dem Wein sowie der Suppe oder Wasser aufgießen und die Gewürze, den Rosmarin sowie den Knoblauch zugeben.

Den Saucenansatz in einen Bräter geben, das Fleisch hineinlegen; ein ofenfestes Bratenthermometer in die dickste Stelle des Fleisches stecken. Das Fleisch im Rohr etwa 2 Stunden braten, bis es eine Kerntemperatur von 75 °C erreicht hat. Den Braten während der Garzeit immer wieder übergießen. Das gare Fleisch aus der Pfanne nehmen und etwa 20 Minuten ruhen lassen.

Den Rosmarinzweig und die Lorbeerblätter aus der Sauce nehmen. 3–4 Schöpflöffel der Sauce abnehmen, mit dem Stabmixer pürieren, das Püree zu der restlichen Sauce geben, mit Salz abschmecken, aufkochen und vom Herd nehmen. Das Fleisch in etwa 1 cm dicke Scheiben schneiden, in die heiße Sauce legen und etwa 10–15 Minuten zugedeckt darin ziehen lassen.

ALS BEILAGE
Serviettenknödel (Seite 302)
oder Bandnudeln

* Flacher Zapfen = flache Nuss, Sternrose, Vorschlag (schw.); Hüferlbraten = Hüftfleisch; Wurzelwerk = Suppengrün; Paradeismark = Tomatenmark

Geschmorter Rindsbraten
mit Dörrpflaumen und Feigen

MARINIERZEIT	12 Stunden
ZUBEREITUNGSZEIT	ca. 4 ½ Stunden
ZUTATEN	für 4 – 6 Personen
Schulterscherzel*, Hüferlbraten* oder flacher Zapfen*	1,8 kg
trockener, kräftiger Rotwein	750 ml
getrocknete Feigen	6
getrocknete Zwetschgen	12
Gewürznelken	6
Olivenöl zum Einreiben	3 EL
Salz	
schwarzer Pfeffer aus der Mühle	
sehr fein gehackter Bauchspeck	80 g
frische Majoranblättchen	2 EL
oder getrockneter Majoran	1 TL
Olivenöl	4 EL
in feine Würfel geschnittene Karotte	80 g
in feine Würfel geschnittene Zwiebel	80 g
in Scheibchen geschnittener Staudensellerie	80 g
Paradeismark*	120 g

Das Fleisch in eine Schüssel legen, mit dem Wein übergießen, die Trockenfrüchte und die Gewürznelken hinzufügen und mindestens 12 Stunden oder über Nacht zugedeckt im Kühlschrank ziehen lassen.

Das Fleisch aus der Marinade nehmen, gut abtrocknen, mit dem Öl bestreichen sowie kräftig mit Salz und Pfeffer einreiben. Die Marinade zum Aufgießen des Bratens beiseitestellen.

Das Backrohr auf 140 °C vorheizen.

Den gehackten Speck mit dem Majoran vermengen und das Fleisch damit einreiben.

Das Olivenöl in einem Bräter oder einer großen Kasserolle erhitzen. Das Fleisch darin von allen Seiten anbraten, dann herausnehmen. Das geschnittene Gemüse (Karotte, Zwiebel, Staudensellerie) in dem Bratrückstand anbraten. Das Paradeismark* hinzufügen, alles gut durchrühren, mit 250 ml der Marinade aufgießen, die Trockenfrüchte und das angebratene Fleisch zugeben und zugedeckt im Rohr bei 140 °C etwa 3 ½ Stunden auf eine Kerntemperatur von 80 °C schmoren.

Nach 2 ½ Stunden den Deckel abnehmen. Das Fleisch immer wieder mit dem entstandenen Saft übergießen und die restliche Zeit offen weitergaren.

Das fertig gegarte Fleisch etwa 20 Minuten in der Sauce ruhen lassen. Anschließend in etwa 1 cm dicke Scheiben schneiden und auf vorgewärmten Tellern anrichten. Die Sauce mit Salz und Pfeffer abschmecken und mit den Zwetschgen, den Feigen und dem Schmorgemüse zu dem Fleisch geben.

* Schulterscherzl = falsches Filet, Bugspitz; Hüferlbraten = Hüftfleisch; Flacher Zapfen = flache Nuss, Sternrose, Vorschlag (schw.); Paradeismark = Tomatenmark

ALS BEILAGE
Polenta (Seite 304)

Filet Wellington

ZUBEREITUNGSZEIT	ca. 2 Stunden
RASTZEIT	ca. 30 Minuten
ZUTATEN	für 4 Personen
Rindsfilet (Mittelstück)	800 g – 1000 g
Salz	
schwarzer Pfeffer aus der Mühle	
Sonnenblumen- oder Maiskeimöl	2 EL
Butter	40 g
Für die Füllung	
Sonnenblumen- oder Maiskeimöl	1 EL
Butter	40 g
fein gehackte Zwiebel	1
fein gehackte Champignons	200 g
fein gehackte Blattpetersilie	3 EL
Salz	
schwarzer Pfeffer aus der Mühle	
in kleine Würfel geschnittene Hühnerbrust (ohne Haut)	150 g
Schlagobers*	125 ml
Für den Teigmantel	
Blätterteig	270 g
Eier zum Bestreichen	1–2
Backpapier	

ALS BEILAGE
Zum warmen Braten: gedünstetes Gemüse
Zum kalten Braten: Preiselbeeren
und Blattsalat

Das Fleisch etwa 1 Stunde vor der Zubereitung aus der Kühlung nehmen und mit Salz und Pfeffer einreiben.

Das Öl in einer Pfanne erhitzen und die Butter darin aufschäumen. Das Filet darin von allen Seiten anbraten, dann aus der Pfanne nehmen und im Backrohr bei 80 °C auf eine Kerntemperatur von 55 °C braten (Bratenthermometer), dann auf einem Rost abkühlen lassen. Das Filet muss außen trocken sein, sonst wird der Teigmantel nicht knusprig.

Für die Füllung das Öl in einer Kasserolle erhitzen, die Butter zugeben, die Zwiebeln darin glasig schwitzen, die Pilze zugeben und so lange braten, bis die Flüssigkeit verkocht ist. Die Petersilie zufügen, die Füllung mit Salz und Pfeffer abschmecken und abkühlen lassen.

Die Hühnerfleischwürfel 10–20 Minuten tiefkühlen, dann mit dem gut gekühltem Schlagobers* in der Küchenmaschine zu einer feinen Farce pürieren, mit der Pilzfüllung vermengen und mit Salz und Pfeffer nachwürzen.

Das Backrohr auf 200 °C vorheizen.

Den Blätterteig ausrollen, einen etwa 10 cm breiten Teigstreifen abschneiden und zur Seite legen. Den restlichen Teig mit dem verquirltem Ei bestreichen. Die Füllung gleichmäßig darauf verteilen. Dabei an allen Seiten einen etwa 2 cm breiten Rand frei lassen.

Das Rindsfilet auf das untere Drittel des Teigs legen und mit der Füllung eng einrollen. Die Enden fest zusammendrücken. Die Teigpackerl* mit der Nahtstelle nach unten auf ein mit Backpapier belegtes Backblech legen, mit Ei bestreichen. Aus dem restlichen Teig 1 cm breite Streifen schneiden und dekorativ auf das Teigpackerl* legen. Erneut mit Ei bestreichen und das Filet bei 200 °C etwa 25 Minuten backen. Das Filet Wellington aus dem Rohr nehmen und mindestens 30 Minuten ruhen lassen. In etwa 1 cm dicke Scheiben schneiden. Kalt oder warm servieren.

* Schlagobers = Schlagsahne; Teigpackerl = Teigtaschen

RINDFLEISCH KURZBRATEN

1 **Club Steak:** ein herzhaftes Stück aus der Rücken-
mitte, quasi das »Rinderkotelett«

2 **T-Bone- oder Porterhousesteak:** Beiried mit Lun-
genbratenanteil und dem namengebenden T-förmi-
gen Knochen, bei 60 °C im Backrohr etwa 1 Stunde
vortemperiert und dann bei starker Hitze in der
Pfanne oder auf dem Grill knusprig gebraten – äußerst
schmackhaft und saftig. Für Kenner das Feinste vom
Feinen

3 **Rib-Eye-Steak:** mit dem typischem Fettkern, dem
»Auge« (Eye)

4 **Beiried oder Rumpsteak (Flaches Roastbeef):**
zartes, mageres Fleisch mit saftigem Fettrand

5 **Rostbraten (Rundes Roastbeef):** saftig durchzogen
und aromatisch, klassisches Wiener Gericht in zahl-
reichen Geschmacksvarianten

6 **Hüftsteak:** Kleines Teilstück aus dem Knöpfl (Schlögel), oft auch als »falsches Filet« bezeichnet. Nicht zu
dick schneiden (zwei »Minutensteaks«
à 100 g pro Person)und nicht durchbraten, kann
durchgebraten durch die Faserstruktur trocken und
fasrig schmecken

7 **Lungenbraten (Filet):** Dieser Muskel wird wenig
beansprucht und ergibt das feinste Stück Fleisch vom
Rind. Klassisches, saftiges, feines Beefsteak, das auch
dick geschnitten auf den Grill oder in die Pfanne kommen kann.

Pfeffersteak

ZUBEREITUNGSZEIT	ca. 15 Minuten
ZUTATEN	für 2 Personen
Filetsteaks vom Rind	2 Stück
	à 200 – 300 g
Salz	
schwarzer Pfeffer aus der Mühle	
Sonnenblumen- oder Olivenöl	2 EL
Butter	20 g
Weinbrand	40 ml
eingelegte, gut abgetropfte grüne Pfefferkörner	1 EL
Kalbsfond (siehe Seite 66) oder Rindsuppe (siehe Seite 121)	250 ml
eiskalte Butter	30 g
Alufolie	

Das Fleisch etwa 30 Minuten vor der Zubereitung aus der Kühlung nehmen. Die Steaks dann beidseitig mit Salz und Pfeffer einreiben.

Das Öl in einer Pfanne erhitzen und die Steaks darin von jeder Seite etwa 30 Sekunden anbraten. Am besten ist es, die Steaks auf beiden Seiten mit reichlich Öl einzupinseln.

Die Hitze reduzieren und die Steaks so lange braten, bis sich auf der Oberfläche kleine »Fleischsafttröpfchen« bilden. Die Steaks wenden, die Butter zugeben und auf der zweiten Seite ebenso lange braten.

Das Fleisch aus der Pfanne nehmen, auf einen vorgewärmten Teller legen, mit Alufolie abdecken und etwa 5 Minuten ruhen lassen.

Den Bratensatz mit dem Weinbrand ablöschen, die Pfefferkörner zugeben und kurz köcheln lassen. Dann mit der Suppe oder dem Fond aufgießen und die Sauce bei mittlerer Hitze 1–2 Minuten köcheln lassen.

Die kalte Butter in kleine Stücke schneiden. Die Pfanne vom Herd nehmen, die Butter in die Sauce geben und mit einem Schneebesen unter die Sauce rühren oder in der Pfanne schwenken.

Die Steaks kurz (1 Minute) in die Sauce legen, mit dieser 2–3-mal übergießen und anschließend auf vorgewärmten Tellern anrichten.

* Erdäpfel = Kartoffeln

ALS BEILAGE
*Pommes frites oder Braterdäpfel**

Saftschnitzel

ZUBEREITUNGSZEIT	ca. 45 Minuten
ZUTATEN	für 4 Personen
Schnitzel aus dem Flachen Zapfen* oder Schwarzen Scherzel*	4 Stück à 200 g
Salz	
schwarzer Pfeffer aus der Mühle	
Dijon-Senf	3 EL
Weizenmehl zum Wenden	
Sonnenblumen- oder Maiskeimöl zum Anbraten	4 EL
in feine Streifen geschnittene Zwiebeln	2
Rindsuppe (siehe Seite 121)	375 ml
Frischhaltefolie	

In alten Kochbüchern findet man oft Rezepte für »Saftbraten« oder »Saftfleisch«: diese Gerichte zeichnen sich durch eine wunderbare Sauce aus, das Fleisch kann jedoch leicht trocken werden. Die hier beschriebene Variante geht schneller und hat beides: zartes, saftiges Fleisch und feinen Saft.

Das Fleisch 30 Minuten vor der Zubereitung aus der Kühlung nehmen.

Das Fleisch zwischen 2 Lagen Frischhaltefolie etwas klopfen, dann auf beiden Seiten kräftig mit Salz und Pfeffer einreiben. Je 1 Fleischseite mit Dijon-Senf bestreichen und mehlieren.

Das Öl in einem großen, flachen Topf erhitzen, die Schnitzel mit der bestrichenen Seite nach unten hineinlegen und anbraten, dann wenden und auf der zweiten Seite anbraten. Das Fleisch aus dem Topf nehmen und auf einen Teller legen. Die Schnitzel am besten portionsweise anbraten.

Die Zwiebelstreifen in dem Bratrückstand 5–7 Minuten anbraten, dann mit der Rindsuppe aufgießen und die Sauce um die Hälfte reduzieren.

Die Sauce mit Salz und Pfeffer abschmecken, die Schnitzel in die Sauce einlegen und bei geringer Hitze etwa 5 Minuten ziehen lassen.

Die Saftschnitzel mit der Sauce und den Zwiebeln auf vorgewärmten Tellern anrichten.

Variante: Die Sauce mit gehackten Essiggurken, Kapern oder gehacktem Sardellenfilet verfeinern.

* Flacher Zapfen = flache Nuss, Sternrose, Vorschlag (schw.); Schwarzes Scherzel = Oberschale, Mittelstück (schw.)

ALS BEILAGE
Spiralnudeln, frisches Backwerk

Zwiebelrostbraten

ZUBEREITUNGSZEIT	ca. 45 Minuten
ZUTATEN	für 4 Personen
Rostbraten*	4 Scheiben à 200 g
Salz	
schwarzer Pfeffer aus der Mühle	
Dijon-Senf	1 EL
Weizenmehl zum Stäuben	
neutrales Pflanzenöl	1 EL
Butter	30 g
Kalbsfond (siehe Seite 66) oder Rindsuppe (siehe Seite 121)	375 ml
kalte Butter	50 g
Für die Zwiebelringe	
große Zwiebeln	4
Weizenmehl zum Mehlieren	
Butterschmalz zum Frittieren	250 g
Frischhaltefolie	
Küchenkrepp	

Das Fleisch 30 Minuten vor der Zubereitung aus der Kühlung nehmen.

Das Backrohr auf 60 °C vorheizen.

Die Zwiebeln schälen und in 1 mm dünne Ringe schneiden. Die Zwiebelringe mit dem Mehl bestreuen und auflockern. Das Butterschmalz in einer Pfanne erhitzen und die Zwiebelringe portionsweise unter ständigem Rühren darin knusprig hellbraun ausbacken. Die ausgebackenen Zwiebelringe auf Küchenkrepp gut abtropfen lassen und bis zum Anrichten im Rohr warm halten.

Die Rostbratenscheiben unter Frischhaltefolie leicht klopfen, eventuell die Ränder einschneiden. Das Fleisch auf beiden Seiten salzen und pfeffern, eine Seite mit Senf bestreichen und diese mehlieren.

Das Pflanzenöl in einer Pfanne erhitzen, 30 g Butter dazugeben und die Rostbratenscheiben auf der mehlierten Seite 2 Minuten anbraten, dann wenden und auf der zweiten Seite weitere 2 Minuten anbraten.

Den Rostbraten aus der Pfanne nehmen und im Rohr warm stellen.

Den Bratrückstand in der Pfanne mit dem Fond oder der Suppe aufgießen und 1–2 Minuten einkochen lassen.

Die kalte Butter flöckchenweise zugeben und unter Schwenken der Pfanne die Sauce montieren (die Butter verbindet sich mit der Sauce und macht sie sämig).

Das Fleisch wieder in die Sauce legen und darin im Rohr zugedeckt etwa 5 Minuten ziehen lassen.

Den Rostbraten auf vorgewärmten Tellern anrichten. Den Bratensaft abschmecken, das Fleisch mit dem Saft übergießen und die gerösteten Zwiebelringe darauf verteilen.

*Rostbraten = Rundes Roastbeef, Hohrücken (schw.); Braterdäpfel = Bratkartoffeln

ALS BEILAGE
Braterdäpfel* und Salzgurken

Rostbratenvariationen

Der gut durchzogene und daher sehr saftige Rostbraten ist einer der wandelbarsten Vertreter der Wiener Küche. Er wurde als »russischer« und »schwedischer« serviert, in Milch und Rahm gedünstet, mit Sardellen bestrichen oder mit Kren serviert – und besonders gern zu Ehren berühmter Persönlichkeiten nach denselben benannt.

Einige Klassiker:

– Der Esterházy-Rostbraten, benannt nach dem reichen ungarischen Magnatengeschlecht, mit Wurzelgemüsen und Kapern

– Der Girardi-Rostbraten, mit Champignons, Speck, Kapern und Zitronenzesten, hat seinen Namen vom Wiener Volksschauspieler Alexander Girardi, der Rindfleisch nur mit Speck und Pilzen zubereitet mochte

– Der Vanillerostbraten hat nichts mit den aromatischen Schoten zu tun, sondern ist nach der »Vanille des armen Mannes«, dem Knoblauch benannt

– Der Znaimer Rostbraten mit etwas Zwiebel und Paradeismark in der Sauce und gefächerten Salzgurken (»Znaimer Gurken«) garniert

– Der Maschinrostbraten mit gedünsteten, feingeschnittenen Zwiebeln, Essiggurken, Kapern, Zitronenschale und etwas Petersilie. Der Name kommt von der »Maschin«, einer heute nicht mehr gebräuchlichen Bezeichnung für das Reindl, einem niedrigen Kochtopf, in dem der Rostbraten auch serviert wurde

– Der Sardellenrostbraten mit Frühstücksspeckwürfeln, fein geschnittenen Zwiebel, Sardellenfilets, Kapern und Zitronenschale

– Der Hunyadi-Rostbraten, gerollt und mit einer Füllung aus gekochten Makkaroni und Selchfleisch

Esterházy-Rostbraten

ZUBEREITUNGSZEIT	ca. 45 Minuten
ZUTATEN	für 4 Personen
Wurzelgemüse (Karotte, gelbe Rübe, Selleriewurzel)	250 g
Butter	50 g
Salz	
Crème fraîche	2 EL

Den Rostbraten wie den Zwiebelrostbraten zubereiten, die Sauce mit der Crème frâiche verfeinern und mit dem gebratenem Wurzelgemüse servieren.

Dazu das Wurzelgemüse putzen und in feine Streifen schneiden. Die Butter in einer Pfanne zerlassen, das Gemüse darin anbraten, salzen, die Hitze reduzieren und 5–6 Minuten weiterbraten.

Girardi-Rostbraten

ZUBEREITUNGSZEIT	ca. 45 Minuten
ZUTATEN	für 4 Personen
Butter	50 g
kleine, fein gehackte Zwiebel	1
fein gewürfelter Frühstücksspeck	80 g
fein geschnittene Champignons	200 g
Kalbsfond (siehe Seite 66) oder Rindsuppe (siehe Seite 121)	250 ml
unbehandelte Zitronenschale	1 Stück von 1 cm
Kapern	1 EL
Crème fraîche	2 EL
Weizenmehl	1 TL
fein gehackte Blattpetersilie	2 EL

Den Rostbraten wie den Zwiebelrostbraten zubereiten, das Fleisch aus der Pfanne nehmen und warm stellen.

Die Butter im Bratrückstand in der Pfanne aufschäumen, die Zwiebeln und den Speck darin anschwitzen, die Champignons zugeben und kurz mitbraten.

Mit dem Kalbsfond oder der Suppe aufgießen, die Zitronenschale sowie die Kapern zugeben und die Sauce 3–4 Minuten einkochen. Die Crème fraîche mit dem Mehl glatt rühren, die Pfanne vom Herd nehmen, die Crème fraîche unterrühren, danach die Pfanne wieder auf den Herd stellen. Die Sauce aufkochen, den Rostbraten einlegen, die Hitze reduzieren und alles 2–3 Minuten ziehen lassen. Zum Schluss die Petersilie darüberstreuen.

Vanillerostbraten

ZUBEREITUNGSZEIT	ca. 45 Minuten
ZUTATEN	für 4 Personen
in feine Scheiben geschnittene Knoblauchzehen	6
Kalbsfond (siehe Seite 66) oder Rindsuppe (siehe Seite 121)	250 ml
Butter	30 g
Salz	
schwarzer Pfeffer aus der Mühle	

Den Rostbraten wie den Zwiebelrostbraten zubereiten, das Fleisch aus der Pfanne nehmen und warm stellen.

Die Knoblauchzehen in dem Bratrückstand anbraten, mit dem Kalbsfond oder der Suppe aufgießen und die Sauce 2–3 Minuten einkochen. Die kalte Butter in kleine Stücke schneiden, in die Sauce rühren und mit Salz und Pfeffer abschmecken.

Das Fleisch in die Sauce legen und bei geringer Hitze 2–3 Minuten darin ziehen lassen.

Bœuf Stroganoff

ZUBEREITUNGSZEIT	ca. 30 Minuten
ZUTATEN	für 2 Personen
Rindslungenbratenspitzen*	400 g
Salz	
schwarzer Pfeffer aus der Mühle	
Weizenmehl	1 TL
Sonnenblumen- oder Maiskeimöl	3 EL
Butter	20 g
kleine, fein gehackte Zwiebel	1
in feine Scheiben geschnittene Champignons	100 g
Kalbsfond (siehe Seite 66) oder Rindsuppe (siehe Seite 121)	250 ml
in feine Streifen geschnittene Gewürzgurken	50 g
Dijon-Senf	1 TL
Crème fraîche	3 EL
Salz	
schwarzer Pfeffer aus der Mühle	

Das Fleisch 30 Minuten vor der Zubereitung aus der Kühlung nehmen.

Das Fleisch in etwa ½ cm dicke Streifen (oder blättrig) schneiden und mit wenig Salz und Pfeffer würzen; danach mit dem Mehl bestäuben.

Das Öl in einer Pfanne erhitzen, die Butter zugeben und darin aufschäumen. Das gewürzte Fleisch von allen Seiten kurz anbraten, aus der Pfanne nehmen und warm stellen (am besten im Backrohr bei 60 °C).

Die gehackte Zwiebel in dem Bratenrückstand anbraten, die Champignons zugeben und unter mehrmaligem Wenden 3–4 Minuten anbraten.

Mit der Rindsuppe oder dem Kalbsfond auffüllen und die Flüssigkeit etwa 1–2 Minuten einkochen lassen.

Die geschnittenen Gewürzgurken sowie den Senf zufügen.

Die Crème fraîche unterrühren, die Sauce weitere 1–2 Minuten kochen, das gebratene Fleisch in die Sauce geben, alles kurz durchschwenken, eventuell mit Salz und Pfeffer nachwürzen und auf vorgewärmten Tellern anrichten.

Tipp: Wenn Sie das Bœuf Stroganoff für mehr als 2 Portionen zubereiten, ist es am besten, das Fleisch in zwei Pfannen bzw. nacheinander zu braten. Ist die Pfanne zu klein, fällt die Temperatur zu stark und das Fleisch brät nicht, sondern beginnt zu kochen.

* Rindslungenbratenspitzen = Filetspitzen vom Rind

ALS BEILAGE
Bandnudeln oder Spätzle

RINDFLEISCH NIEDRIGTEMPERATURGAREN

Das ist die ideale Methode für die schonende Zubereitung von zartem, magerem Fleisch. Die Temperatur ist viel geringer als beim üblichen Bratvorgang, dadurch bleibt der Saft im Fleisch und die Bratzeit ist äußerst flexibel. Das Fleisch wird (vor oder nach dem Braten im Backrohr) in einer Öl-Butter-Mischung angebraten, damit zusätzliche Geschmacksstoffe entstehen, und bei rund 80 °C so lange gegart, bis die gewünschte Kerntemperatur erreicht ist.

Wichtig ist dabei die regelmäßige Kontrolle der Kerntemperatur.

Anschließend kann es bei 60 °C auch längere Zeit warm gehalten werden. Kein Problem also, wenn sich die Gäste eine halbe Stunde verspäten oder man sich beim Aperitif vertratscht.

Grundsätzlich eignen sich alle Teilstücke, die zum Kurzbraten geeignet sind und von allen Sehnen und Silberhäutchen befreit sind.

Rind, Kalb, Schwein, Lamm, Wild leicht rosa: 67 °C Kerntemperatur

Roastbeef: 55 °C Kerntemperatur

Geflügelbrust (ganzes Geflügel eignet sich nicht für das Niedrigtemperaturverfahren): 78 °C Kerntemperatur

1 **Hüftsteak**
2 **Lungenbraten (Filet)**
3 **Beiried (Flaches Roastbeef)**

Roastbeef

ZUBEREITUNGSZEIT	ca. 1 ¾ Stunden
RASTZEIT	1 Stunde
ZUTATEN	für 4 – 6 Personen
Beiried* (küchenfertig)	1 – 1,2 kg
Salz	
schwarzer Pfeffer aus der Mühle	
Dijon-Senf	4 EL
Sonnenblumen- oder Maiskeimöl	4 – 6 EL

Das Beiried* 1 Stunde vor der Zubereitung aus der Kühlung nehmen.

Das Fleisch kräftig mit Salz und Pfeffer einreiben und anschließend rundherum mit Senf bestreichen. Dieses »Einbeizen« macht man am besten schon am Vortag. Das Fleisch bei Zimmertemperatur etwa 1 Stunde ruhen lassen (dabei eventuell mit einer Schüssel abdecken).

Das Backrohr auf 80 °C vorheizen.

Das Roastbeef in einen Bräter (Fettpfanne) legen, ein Bratenthermometer in die dickste Stelle stecken und etwa 1½ Stunden (je nach Dicke des Fleisches) braten, bis es eine Kerntemperatur von 55 °C erreicht.

Das Roastbeef aus dem Rohr nehmen, das Bratenthermometer entfernen. Die Ofentemperatur auf 60 °C reduzieren.

Das Öl in einer ausreichend großen Pfanne erhitzen und das vorgegarte Roastbeef auf allen Seiten kräftig dunkelbraun nachbraten. Das Fleisch wieder in den Bräter (Fettpfanne) legen und mindestens 1 Stunde (bei 60 °C) ruhen lassen.

Das Roastbeef kalt oder warm aufschneiden und servieren.

Tipps: Für kaltes Roastbeef den Braten am Vortag zubereiten und zum Abkühlen eventuell mit einem schweren Topf bedecken, das Roastbeef lässt sich dann besser dünn aufschneiden.

Anstatt das Roastbeef im zweiten Schritt anzubraten, das Backrohr auf 250 °C vorheizen, das Roastbeef 15 Minuten braten, die Ofentür öffnen, die Temperatur auf 80 °C reduzieren und bei 80 °C bis zu einer Kerntemperatur von 55 °C braten. Sie sparen einen Arbeitsschritt und die Pfanne zum Anbraten.

ALS BEILAGE
Sauce Tartare (Seite 321), kalte Pfeffersauce (Seite 321) und Lorbeererdäpfel (Seite 309)*

* Beiried = Flaches Roastbeef; Lorbeererdäpfel = Lorbeerkartoffeln

RINDFLEISCH SIEDEN

1 **Hüferlspitz (Bürgermeisterstück):** sehr zartes Siedefleisch, auch eine gute Alternative zum »berühmten Bruder« Tafelspitz

2 **Beinfleisch (Flache Rippe, Platte):** herzhaft & stark durchwachsener Teil von den Rippen – ein Stück für Liebhaber, das anno dazumal teurer (weil beliebter) war als der heute von uns so geschätzte Tafelspitz

3 **Markknochen:** die Röhrenknochen aus Schulter oder Knöpfel – wird mit dem Siedfleisch gekocht, und gibt der Suppe Kraft und Geschmack; unter Kennern
sehr beliebt ist es, das Mark nach dem Kochen auf getoastetem Schwarzbrot zu genießen

4 **Kügerl (Brust ohne Knochen):** magerer Suppenteil mit leichter Fettabdeckung aus der vorderen Brust; Fett beim Kochen unbedingt darauflassen, sonst trocknet das Fleisch aus

5 **Beinscheibe:** sehr gut zum Sieden, aber auch zum Schmoren geeignet

6 **Ochsenschlepp (Ochsenschwanz):** Grundlage der Ochsenschwanzsuppe, gibt durch den hohen Knochen-anteil einen wunderbaren Geschmack

7 **Tafelspitz:** der Klassiker schlechthin, wenn es um Siedefleisch geht. Ein edler Teil des Rindes aus dem Knöp-fel (Schlögel); immer quer zur Faser schneiden – was bei diesem Teil ein bisschen schwierig ist, da sich der Muskelstrang dreht. Am besten vom Metzger mit einem zarten Schnitt in der Fettabdeckung »anzeichnen« lassen, wo sich die Schnittrichtung ändern sollte

8 **Mageres Meisel (Falsches Filet, Schulterfilet):** besonders leichtes und fettarmes Siedstück aus der Schulter, das wie alle sehr mageren Teilstücke trocken wird, wenn es zu lange gegart wird

9 **Schulterscherzel (Schaufelstück):** eines der beliebtesten Siedfleischstücke, leicht erkennbar durch den typischen Sehnenstreifen in der Mitte, besonders saftig und aromatisch

Gekochtes Rindfleisch

ZUBEREITUNGSZEIT	ca. 3 Stunden
ZUTATEN	für 4–6 Personen
Rindfleisch zum Kochen	1,8–2 kg
(z. B. Tafelspitz oder Brustkern)	(pro Person 300 g)
Markknochen	500 g
schwarze Pfefferkörner	10
Pimentkörner	8–10
Lorbeerblätter	2–3
große, ungeschälte Zwiebel	1
Wurzelwerk* (Karotte, Sellerie- und Petersilwurzel)	300 g
Lauch	150 g
Salz	
fein gehackte Schnittlauchröllchen	4 EL

Das Rindfleisch etwa 1 Stunde vor der Zubereitung aus dem Kühlschrank nehmen.

Etwa 2 l kaltes Wasser in einem Topf zum Kochen bringen, die Knochen hineingeben und einmal aufkochen.

Das Wasser abgießen, die Knochen mit kaltem Wasser abschwemmen.

Den Topf säubern. Das Rindfleisch und die Knochen darin mit den Gewürzen (Pfeffer, Piment, Lorbeer) und der ganzen Zwiebel in etwa 2 l kaltem Wasser aufsetzen und bei mittlerer Hitze etwa 2 Stunden ganz sanft köcheln lassen. Den dabei aufsteigenden Schaum immer wieder mit einem Lochschöpfer abheben.

Das Wurzelwerk* und den Lauch putzen, in grobe Stücke schneiden, in die Suppe geben und bei gleicher Temperatur eine weitere Stunde sanft köcheln lassen.

Für die Garprobe einen Holzspieß oder eine Fleischgabel an der dicksten Stelle bis zur Mitte in das Fleisch stecken: Tritt klarer Saft aus, ist das Fleisch gar. Es soll eine Kerntemperatur von 80 °C haben.

Den Topf vom Herd nehmen, zudecken und das Fleisch etwa 30 Minuten in der Suppe ruhen lassen.

Die Suppe salzen, das Fleisch gegen die Faserrichtung in Scheiben schneiden, salzen, auf vorgewärmten Tellern anrichten und mit etwas heißer Suppe angießen, alles mit den Schnittlauchröllchen bestreuen. Dazu das gesalzene Wurzelgemüse und die Markknochen mit geröstetem Schwarzbrot servieren.

Tipp: Unsere Zeitangabe bezieht sich auf eine äußerst langsame und schonende Zubereitung. Je langsamer und damit schonender das Fleisch gart, umso feiner und zarter ist das Ergebnis.

*Wurzelwerk = Suppengrün; abseihen = durch ein Sieb oder Tuch gießen; Kren = Meerrettich; Fisolen = grüne Bohnen, Erdäpfel = Kartoffeln

ALS BEILAGE

Apfelkren (Seite 320), Schnittlauchsauce (Seite 32), Semmelkren* (Seite 307), Kochsalat (Seite 308), Rahmfisolen* (Seite 308), Geröstete Erdäpfel* (Seite 310), Dill-Erdäpfel* (Seite 311)*

Tafelspitz & Tradition

Die Wiener Rindfleischkultur ist legendär und das gesottene (gekochte) Stück Rindfleisch mitsamt seinen vielfältigen Beilagen trat seinen Siegeszug lang vor dem vermeintlichen Dauerbrenner Wiener Schnitzel an. Weder Katharina Prato noch Marie von Rokitansky etwa – die beiden großen Autorinnen der österreichischen Standard-Kochbücher des 19. bzw. beginnenden 20. Jahrhunderts – schenkten letzterem besondere Aufmerksamkeit, Tafelspitz & Co dagegen waren die Stars der Fleischküche schlechthin.

Mindestens ebenso wichtig dazu auch die Suppenkultur, die mit Hingabe zubereitete Rindsuppe war und ist bis heute die klassische Tafelsuppe. Interessantes Detail für alle Freunde der heutigen »Leichtküche«: Sowohl Fleisch als auch Suppe sollten am Beginn des vorigen Jahrhunderts fett, saftig und üppig sein. Der uns heute so teure Tafelspitz war daher im Restaurant wie beim Einkauf am Markt damals um einiges billiger (weil magerer) als etwa das gut durchzogene Beinfleisch.

Bild links: Firmen-Mitbegründerin Elisabeth Radatz – sie baute den heute größten fleischverarbeitenden Familienbetrieb Österreichs mit Ehemann Franz vom ersten nur 25 Quadratmeter großen Geschäft an mit auf – genießt ihren Tafelspitz im traditionsreichen Restaurant »Rote Bar« des berühmten Wiener Hotels Sacher.

Leberknödel

ZUBEREITUNGSZEIT	ca. 45 Minuten
AUSKÜHLZEIT	45 Minuten
ZUTATEN	für 16 Stück
Rindsleber	300 g
Sonnenblumen- oder Maiskeimöl	5 EL
oder Butterschmalz	2 EL
in feine Würfel geschnittene Zwiebel	100 g
fein gehackte Knoblauchzehen	5
fein gehackte Petersilie	4 EL
in feine Würfel geschnittenes Toastbrot	120 g
Wasser	200 ml
Semmelbrösel*	80 g
Eier	2
getrockneter Majoran	1 TL
Salz	
schwarzer Pfeffer aus der Mühle	
Schnittlauchröllchen	nach Belieben

Die Rindsleber in feine Würfel schneiden.

Das Öl oder das Butterschmalz in einer Pfanne erhitzen. Die Zwiebelwürfel darin glasig anschwitzen. Dann den gehackten Knoblauch und die Petersilie zugeben, kurz mitbraten, die Pfanne vom Herd nehmen und abkühlen lassen.

Die Toastbrotwürfel mit etwa 200 ml lauwarmem Wasser übergießen und kurz ziehen lassen.

Die Brotwürfel leicht ausdrücken und mit der klein geschnittenen Leber im Mixaufsatz der Küchenmaschine fein pürieren.

Die geröstete Zwiebel-Petersilie-Mischung, die Semmelbrösel*, die Eier und den Majoran mit der Lebermasse sehr gut vermengen.

Die Mischung mit Salz und Pfeffer kräftig abschmecken und zugedeckt etwa 40 Minuten kalt stellen.

Von der Lebermischung mit einem Esslöffel Portionen abstechen und mit befeuchteten Händen zu kleinen Knödeln formen. Diese in kochendes Salzwasser einlegen und bei geringer Hitze etwa 15 Minuten sieden lassen.

Sobald die Knödel an der Oberfläche schwimmen (sie »tanzen«, wenn man sie anstößt), sind sie gar. Die Knödel mit einem Lochschöpfer aus dem Wasser nehmen und gut abtropfen lassen.

Die Leberknödel in heißer Rindsuppe anrichten und mit reichlich Schnittlauchröllchen bestreuen.

* Semmelbrösel = Paniermehl

Milzschnitten

ZUBEREITUNGSZEIT	ca. 45 Minuten
AUSKÜHLZEIT	30 Minuten
ZUTATEN	für 4–6 Personen
Toastbrot	5 Scheiben
Kalbsmilz	200 g
Eigelb	3
fein gehackte Petersilie	2 EL
Salz	
schwarzer Pfeffer aus der Mühle	
frisch geriebene Muskatnuss	
Butter	40 g
Sonnenblumen- oder Maiskeimöl zum schwimmend Ausbacken	

1 Scheibe Toastbrot in große Würfel schneiden, mit ca. 125 ml Wasser übergießen und 10 Minuten ziehen lassen.

Die Milz auf ein Brett legen und mit einem scharfen Messer das Innere herausschaben.

Das Toastbrot ausdrücken und mit dem Stabmixer fein pürieren.

Das Innere der Milz mit dem Brotpüree, den Eigelben und der Petersilie vermengen und mit Salz, Pfeffer und Muskatnuss kräftig würzen. 1 Stunde kalt stellen.

Die Butter in einer Pfanne zerlassen und die restlichen 4 Toastbrotscheiben darin von beiden Seiten knusprig ausbraten.

Die Brotscheiben mit der Milzmasse dick bestreichen. Das Öl in einem Topf erhitzen und die Milzschnitten darin mit der bestrichenen Seite nach unten schwimmend knusprig ausbacken.

Die ausgebackenen Schnitten aus dem Fett nehmen, gut abtropfen lassen, in 2 cm breite Schnitten schneiden und in heißer Rindsuppe servieren.

(Die Milzschnitten sind auf Seite 125 in der hinteren Schüssel zu sehen.)

Tipps für gekochtes Rindfleisch und Rindsuppe

Wenn eine Rindsuppe etwas trüb wird, den Topf vom Herd nehmen, grob gehackte Hühnerleber (ca. 80 g) und einige Zwiebelschalen oder auch die Schale von einem Ei zugeben, den Topf wieder auf den Herd stellen, alles aufkochen lassen und den aufsteigenden Schaum mit einem Lochschöpfer abheben; danach die Suppe durch ein engmaschiges Sieb oder Spitzsieb abseihen*.

Tipp: Spitzsieb mit einem Kaffeefilter auslegen.

Rindfleisch, das gleich gegessen werden soll, wird schmackhafter, wenn es vor dem Aufschneiden etwa 15–20 Minuten in der heißen Suppe »ziehen« kann. Am besten ist es allerdings, das Rindfleisch schon am Vortag zuzubereiten.

Zum Abkühlen der Rindsuppe den Topf am besten in Eiswasser oder auf ein Metallgitter stellen, damit die Suppe schneller abkühlt (und sich die Hitze nicht am Topfboden staut).

Rindfleisch lässt sich im kalten Zustand wunderbar portionieren, vor dem Servieren muss man es etwa 30 Minuten in der Suppe erwärmen.

Um die Rindsuppe optimal zu entfetten, ist es sinnvoll, die Suppe über Nacht kalt zu stellen, um das gehärtete Fett an der Oberfläche der Suppe mit einem Lochschöpfer vorsichtig abheben zu können.

Wird Rindsuppe in kleine Portionen, z.B. zum Aufgießen von kurzgebratenem Fleisch benötigt, so kann man zum Einfrieren einen Eiswürfelbehälter nutzen.

Für große Portionen sind Plastiksackerl* praktisch, diese vorher in große Kaffeetassen geben, mit der Suppe (à 250 ml) auffüllen, samt der Tasse tiefkühlen, anschließend aus der Tasse nehmen, die Plastiksackerl gut verschließen (die Luft dabei so gut wie möglich herausstreichen) und platzsparend wieder in die Tiefkühlung geben.

Schon geschnittenes, gekochtes Rindfleisch lässt sich besser erwärmen und bleibt geschmackvoller, wenn die Tranchen zusammen mit etwas Suppe eingefroren werden.

Restlverwertung*
Backfleisch: Gekochte Rindfleischscheiben mit Senf und Kren* (aus dem Glas) bestreichen, salzen und pfeffern, in Mehl, Ei und Semmelbröseln* panieren und im Fett schwimmend ausbacken.

Rindfleischsalat: Gekochtes Rindfleisch in feine Streifen schneiden, mit klein geschnittenen Gewürzgurken, hart gekochten, gehackten Eiern und Zwiebeln vermengen. Mit einer Marinade aus Sauerrahm, Mayonnaise, gehackten Kapern, Salz und Pfeffer vermengen.

* abseihen = abgießen; Sackerl = Tüte; Restlverwertung = Resteverwertung; Kren = Meerrettich; Semmelbrösel = Paniermehl

Gratinierte Fledermaus
vom Rind
Gratiniertes Fleisch vom Rinderkreuzbein

ZUBEREITUNGSZEIT	ca. 3 Stunden
ZUTATEN	für 4 Personen
Rindsfledermäuse*	1,2 kg
geputztes Wurzelwerk* (Karotten, Sellerie, Petersilienwurzel)	150 g
schwarze Pfefferkörner	5
Salz	
Für die Semmel-Kren-Masse	
in kleine Würfel geschnittene Semmeln	2 Stück (120 g)
Schlagobers*	125 ml
Milch	125 ml
frisch geriebener Kren*	5 EL
Eigelb	3
Salz	
frisch geriebene Muskatnuss	
schwarzer Pfeffer aus der Mühle	
Eiweiß	1
Butter zum Belegen	20 g
in Röllchen geschnittener Schnittlauch	1 Bund

Das Fleisch mit dem Wurzelwerk* sowie den Pfefferkörnern in einen Topf mit etwa 1 ½ l kaltem Wasser geben, etwas salzen und bei mittlerer Hitze etwa 2 ½ Stunden ganz sanft köcheln lassen. Das Fleisch dann in der Suppe abkühlen lassen.

Für die Semmelmasse die Semmelwürfel in eine Schüssel geben, mit dem Schlagobers*, der Milch und 3–4 EL der Fleischsuppe übergießen und 15 Minuten ziehen lassen.

Die Semmelmasse mit dem Stabmixer fein zerkleinern, den Kren* und die Eigelb untermengen und mit Salz, Muskat und Pfeffer kräftig würzen.

Das Eiweiß zu steifem Schnee aufschlagen und vorsichtig unter die Semmelmasse ziehen.

Das Backrohr auf 250 °C vorheizen.

Das Fleisch in etwa 1 cm dicke Streifen schneiden, in eine Auflaufform legen und mit ca. 250 ml Kochsud übergießen. Die Semmelmasse darüber verteilen, mit Butterflocken belegen und im Rohr auf der obersten Schiene etwa 15 Minuten gratinieren.

Die Fledermäuse auf vorgewärmten Tellern anrichten und mit Schnittlauchröllchen bestreuen.

* Rindsfledermaus = ausgelöstes Fleisch aus dem Kreuzbein, ersatzweise kann auch ein Mittelstück von der Schulter genommen werden; Wurzelwerk = Suppengrün; Schlagobers = Sahne; Kren = Meerrettich; Fisolen = grüne Bohnen

ALS BEILAGE
Fisolen* und/oder Blattspinat

Rindfleisch-Gröstl

ZUBEREITUNGSZEIT	ca. 45 Minuten
ZUTATEN	für 4 Personen
gekochtes Rindfleisch	400 g
speckige Erdäpfel*	800 g
Butterschmalz oder Grammelschmalz*	2 EL
in feine Streifen geschnittene Zwiebeln	2
fein gehackte Knoblauchzehen	2
getrockneter Majoran	½ TL
Salz	
schwarzer Pfeffer aus der Mühle	
fein gehackte Petersilie	4 EL

Das Rindfleisch in ca. 2 mm starke Scheiben oder Streifen schneiden.

Die Erdäpfel* in reichlich Salzwasser bissfest kochen, abseihen*, noch heiß schälen, auskühlen lassen und anschließend in ½ cm dicke Scheiben schneiden.

Das Schmalz in einer großen Pfanne erhitzen und die Zwiebeln darin goldgelb anbraten. Die Erdäpfelscheiben dazugeben und bei mittlerer Hitze langsam anbraten. Die Erdäpfel mit einer Bratschaufel wenden und auf der zweiten Seite ebenfalls knusprig braten.

Das Rindfleisch zugeben, vorsichtig unter die Erdäpfel heben, den Knoblauch zufügen und mit dem Majoran, Salz und Pfeffer würzen. Das Gröstl 5–6 Minuten weiterbraten. Dabei nur ab und zu wenden.

Das Gröstl auf vorgewärmten Tellern anrichten und mit Petersilie bestreuen.

Tipp: Damit das Gröstl knusprig wird, muss die Pfanne groß genug sein, eventuell in zwei Pfannen oder portionsweise braten und im Backofen bei 60 °C warm stellen.

* speckige Erdäpfel = festkochende Kartoffeln; Grammelschmalz = Griebenschmalz; abseihen = abgießen

ALS BEILAGE
Grüner Salat

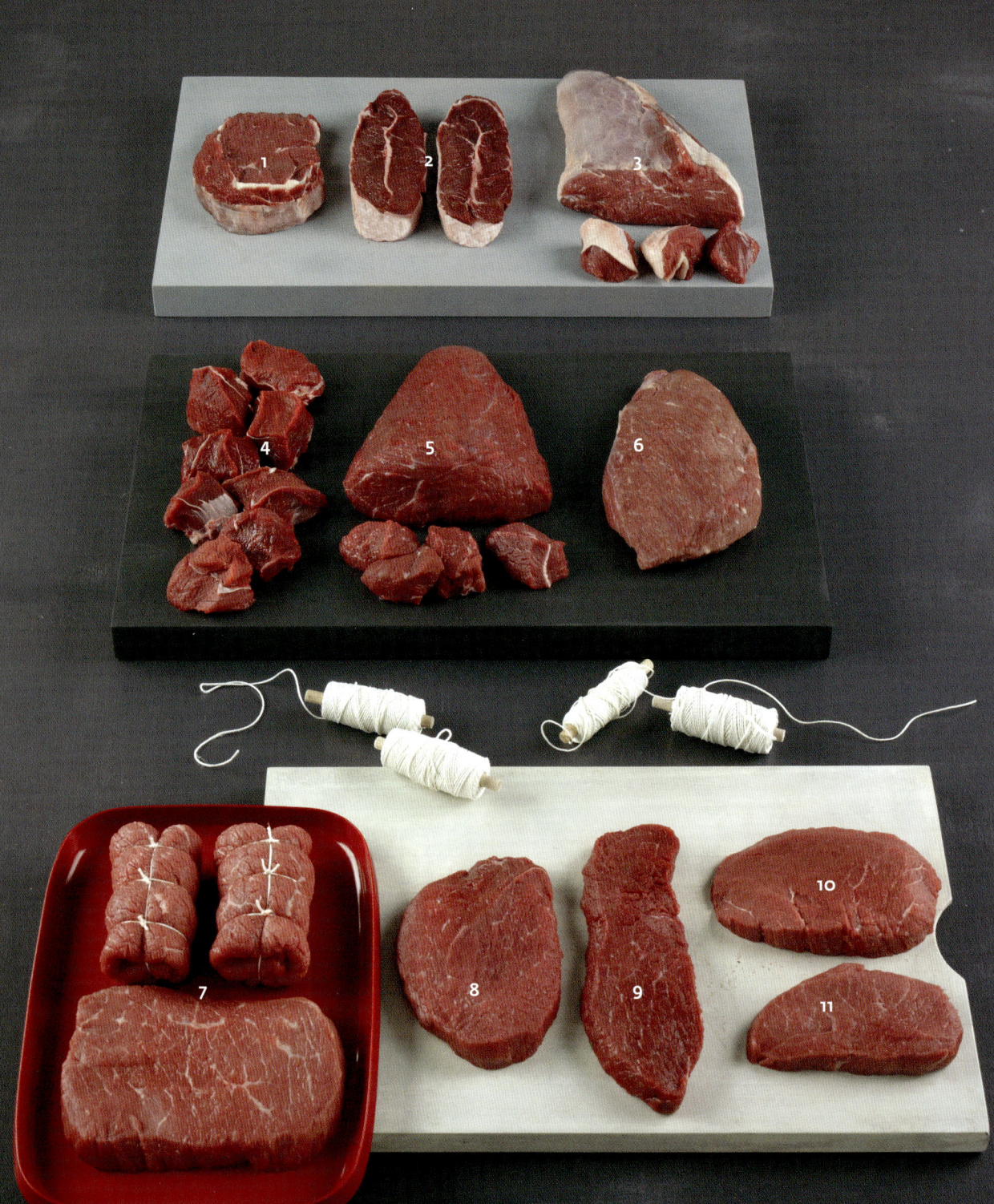

RINDFLEISCH DÜNSTEN

Beim Dünsten wird das Fleisch zugedeckt im eigenen Saft bzw. unter Zugabe von Flüssigkeit gegart.

1 **Rostbraten (Rundes Roastbeef):** geschmackvolles Stück aus dem Rücken, das durch die Fetteinlagerungen sehr saftig wird

2 **Schulterscherzel (Schaufelstück):** mit der typischen gallertigen Sehne in der Mitte

3 **Hüferlspitz (Bürgermeisterstück):** magerer Teil aus dem Knöpfel (Schlögel), die zarte Fettabdeckung macht das Fleisch saftig und geschmackvoll

4 **Wadschinken (Hinterhesse, Haxe):** sehniges Stück von der Stelle, an der das Knöpfel (der Schlögel) in die Wade übergeht – die Verwendung für Gulasch ist geradezu klassisch

5 **Mageres Meisel (Falsches Filet, Schulterfilet):** Teil vom Schulterblatt, sehr mager und ebenfalls gut für die Zubereitung von Gulasch oder Ragouts geeignet oder zum Dünsten im Ganzen

6 **Rieddeckel (Hochrippendeckel):** ebenfalls ein Teil des Schulterblatts; etwas durchzogen, gibt ein herzhaftes Ragout

7 **Schwarzes Scherzel (Oberschale, zugeschnitten):** ein besonders schöner Rouladenteil aus dem Knöpfel (Schlögel), auch gut für Rindsschnitzel geeignet

Viermal edle Schnitzelteile vom Knöpfel (Schlögel) – durch die feine Muskelstruktur besonders gut zum Dünsten geeignet:

8 **Runder Zapfen (Kugel)**

9 **Hüferlbraten (Fleisch aus der Hüfte)**

10 **Beinscherzel (Oberschale, zugeschnitten)**

11 **Flacher Zapfen (Teilstück der Kugel)**

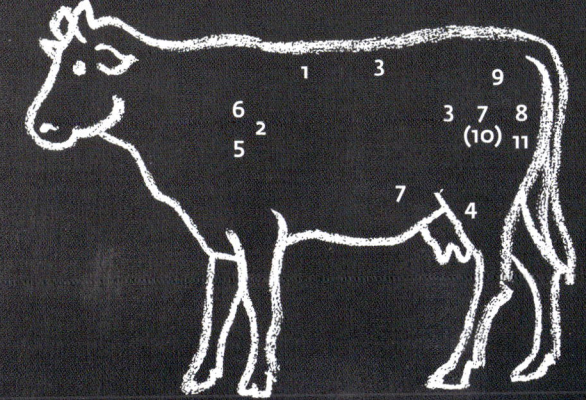

Bruckfleisch

Geschmorte Innereien (Wirtshausspezialität)

ZUBEREITUNGSZEIT	ca. 2 Stunden
ZUTATEN	für 4 Personen
Bruckfleisch* (Kronfleisch*, Herz, Milz und Leber)	1–1,2 kg
Sonnenblumen- oder Maiskeimöl	4 EL
in feine Würfel geschnittene Zwiebel	100 g
in feine Würfel geschnittene Karotte	150 g
große, grob gehackte Knoblauchzehen	3
getrockneter Thymian	1 TL
getrockneter Majoran	1 TL
getrocknetes Lorbeerblatt	1
Pfefferkörner	5
Rindsuppe (siehe Seite 121)	400 ml
trockener, kräftiger Rotwein	250 ml
Weizenmehl	2 EL
Salz	
schwarzer Pfeffer aus der Mühle	
fein gehackte glatte Petersilie	4 EL

Das Bruckfleisch* in etwa 1,5 cm große Würfel schneiden.

Die Milz und die Leber in eine Schüssel geben und bis zur Weiterverarbeitung zugedeckt beiseitestellen.

Das Öl in einem Topf erhitzen und die Zwiebelwürfel darin glasig anschwitzen. Dann die Karottenwürfel und den Knoblauch zugeben und unter mehrmaligem Rühren 1–2 Minuten mitschwitzen.

Das Kronfleisch* und das Herz zugeben, alles gut anbraten, dann den Thymian, den Majoran, das grob zerbröselte Lorbeerblatt sowie die Pfefferkörner zugeben und mit der Rindsuppe aufgießen. Alles zugedeckt bei mittlerer Hitze etwa 60–70 Minuten köcheln lassen.

Dann die Hälfte des Rotweins, die Milz und die Leber zugeben, salzen und alles noch weitere 30 Minuten sanft köcheln lassen.

Den restlichen Rotwein mit dem Mehl glatt rühren. Den Topf mit dem Bruckfleisch vom Herd nehmen und das Wein-Mehl-Gemisch mit einem Schneebesen unterrühren.

Den Topf wieder auf den Herd stellen und das Bruckfleisch weitere 10 Minuten köcheln lassen. Mit Salz und Pfeffer abschmecken, dann in vorgewärmten, tiefen Tellern anrichten und mit Petersilie bestreuen.

Info: Kronfleisch ist der dünne, magere Muskel, der die Bauch- von der Brusthöhle trennt (Zwerchfell). Anstelle von Kronfleisch kann man auch andere günstige, magere Kochfleischteile verwenden.

* Bruckfleisch = Kleinfleisch, zum Großteil Innereien; Kronfleisch = Zwerchfell

ALS BEILAGE
Roggenbrot oder Kleingebäck

Rindsrouladen

ZUBEREITUNGSZEIT	
AUF DEM HERD	ca. 1 ½ Stunden
IM BACKROHR	2 ¼ Stunden
ZUTATEN	für 4 Rouladen
Rindsschnitzel vom Schwarzen Scherzel*	4 Stück à 200 g
Salz	
schwarzer Pfeffer aus der Mühle	
Dijon-Senf	4 TL
Frühstücksspeck	8 Scheiben à 20 g
feine Karottenstreifen	60 g
feine Knollenselleriestreifen	60 g
in feine Streifen geschnittene Essiggurken	6
Weizenmehl zum Wenden	
Sonnenblumen- oder Maiskeimöl	5 EL
große in feine Streifen geschnittene Zwiebeln	3
Rindsuppe (siehe Seite 121)	330 ml
Kapern	6
Salz	
Frischhaltefolie	
Küchengarn	

Das Fleisch 30 Minuten vor der Zubereitung aus der Kühlung nehmen.

Die Rindsschnitzel mit Frischhaltefolie bedecken und mit der flachen Seite des Fleischklopfers oder einem Plattiereisen dünn ausklopfen.

Jedes Schnitzel auf einer Seite mit Salz und Pfeffer bestreuen und mit 1 TL Senf bestreichen. Darauf je 2 Scheiben Frühstücksspeck legen und die Gemüse- und Gurkenstreifen darübergeben. Jedes Schnitzel an den Seiten einschlagen und zu festen Rouladen rollen.

Die Rouladen mit Küchengarn zusammenbinden und danach in etwas Mehl wenden. (Das Mehl gibt den Rouladen beim Anbraten eine schöne Farbe und macht die Sauce molliger*.)

Das Öl in einer Kasserolle erhitzen und die Rouladen darin von allen Seiten anbraten, dann aus dem Topf nehmen und auf einen Teller legen.

Die geschnittenen Zwiebeln in dem Bratrückstand 2 – 3 Minuten anbraten. Die Rouladen auf die Zwiebeln legen, mit der Suppe übergießen, die Kapern zugeben und zugedeckt bei mittlerer Hitze etwa 45 Minuten schmoren.

Variante: Die Rouladen zugedeckt im Rohr bei 140 °C etwa 90 Minuten schmoren. So garen sie wunderbar gleichmäßig, da die Hitze von allen Seiten wirkt.

Wenn die Rouladen fertig sind – sie rutschen beim Anstechen leicht von der Küchengabel – aus der Sauce nehmen und das Küchengarn entfernen.

Den Zwiebel-Saucen-Ansatz durch ein feines Sieb in eine Pfanne passieren, etwas einkochen, mit Salz und Pfeffer abschmecken und mit den Rouladen anrichten.

ALS BEILAGE
Erdäpfelpüree (Seite 312)
oder Bandnudeln

* Schwarzes Scherzel = Oberschale; mollig = sämig; Erdäpfelpüree = Kartoffelpüree

Rindsgulasch

ZUBEREITUNGSZEIT	ca. 3 ½ Stunden
ZUTATEN	für 4 – 6 Personen
Wadschinken*	1 kg
geschälte Knoblauchzehen	2 – 3
Kümmelsamen	1 TL
getrockneter Majoran	1 TL
Salz	
geschälte Zwiebeln	750 g
Schweineschmalz	150 g
Tafelessig	1 Spritzer
edelsüßes Paprikapulver	4 – 5 EL
Paradeismark*	1 TL
Rindsuppe (siehe Seite 121)	500 – 750 ml

Den Wadschinken* in Würfel von ca. 3 cm Kantenlänge schneiden.

Den Knoblauch fein schneiden und zusammen mit dem Kümmel, dem Majoran und etwas Salz mit einem scharfen Messer zu einer feinen »Gewürzpaste« hacken.

Die Zwiebeln unmittelbar vor dem Anbraten in feine Streifen schneiden.

Das Schmalz in einem Topf erhitzen und die Zwiebeln darin bei geringer Hitze etwa 20 – 25 Minuten hellbraun braten. Dabei oft umrühren, damit die Zwiebeln nicht anbrennen und bitter werden.

Den Zwiebelansatz mit dem Essig ablöschen, umrühren und kurz weiterschwitzen.

Den Topf vom Herd nehmen und das Paprikapulver in die Zwiebeln rühren. (Wichtig: Das Paprikapulver darf nicht zu stark braten, es wird sonst bitter!)

Das Paradeismark* dazugeben und bei geringer Hitze etwa 1 – 2 Minuten durchziehen lassen.

Den Ansatz mit 125 ml Rindsuppe aufgießen und bei geringer Hitze aufkochen.

Das Fleisch mit der Gewürzpaste in den Zwiebelansatz geben, gut durchrühren und bei mittlerer Hitze halb zugedeckt etwa 2 Stunden schmoren.

Die restliche Suppe über die gesamte Garzeit verteilt dazugießen und dabei immer wieder umrühren. Das Fleisch soll immer komplett mit Flüssigkeit bedeckt sein. Auf diese Weise verkochen die Zwiebeln und geben dem Gulasch seine »mollige«* Konsistenz und satte Farbe.

Das Gulasch ist fertig, wenn sich an der Oberfläche das Fett als sogenannter »Spiegel« gesammelt hat.

Tipp: Zum Schluss 1 EL Mehl über das Gulasch streuen und gut verrühren, dann wird es noch molliger.

ALS BEILAGE
Frische Backwaren

* Wadschinken = Hinterbein, Hesse, Haxe, Wadschenkel, Beinfleisch, Stotzen (schw.); mollig = sämig;

Debreziner Gulasch

ZUBEREITUNGSZEIT	ca. 3 ½ Stunden
ZUTATEN	für 4 – 6 Personen
grüne Paprikaschote	1
Debreziner	2 Stück (ca. 120 g)

Kurz vor Ende der Garzeit die von Kernen und Scheidewänden befreite und in Streifen geschnittene Paprika und die in Scheiben geschnittenen Debreziner (scharfe Schweinsbrühwürste) unter das Gulasch mengen und kurz mitdünsten. Mit Salzerdäpfeln* servieren.

Fiaker-Gulasch

ZUBEREITUNGSZEIT	ca. 3 ½ Stunden
ZUTATEN	für 4 – 6 Personen
Eier	4 – 6
Essiggurken	4 – 6
Frankfurter Würstchen	4 – 6

Jede Portion Rindsgulasch mit einem Spiegelei, einer gefächerten Essiggurke und einem Einspänner (= ein einzelnes Frankfurter Würstchen) garnieren.

Esterházy-Gulasch

ZUBEREITUNGSZEIT	ca. 3 ½ Stunden
ZUTATEN	für 4 – 6 Personen
Sauerrahm	4 – 6 EL
Wurzelgemüse	250 g
Kapern	1 EL

Das Rindsgulasch mit dem Sauerrahm binden und mit den separat gedünsteten Würzelgemüsestreifen sowie den Kapern vermengen.

Karlsbader Gulasch

ZUBEREITUNGSZEIT	ca. 3 ½ Stunden
ZUTATEN	für 4 – 6 Personen
Sauerrahm	125 ml
Weizenmehl	1 EL

Den Sauerrahm mit dem Mehl und 1 EL Wasser verrühren und das Gulasch damit binden.

* Salzerdäpfel = Salzkartoffeln

Schwein

Blunzengröstl
Blutwurstgröstl

ZUBEREITUNGSZEIT	ca. 45 Minuten
ZUTATEN	für 4 Personen
Schweineschmalz	2 EL
in feine Ringe geschnittene Zwiebel	100 g
speckige, gekochte, geschälte und in ½ cm dicke Scheiben geschnittene Erdäpfel*	600 g
Salz	
Blunzen*	800 g
Weizenmehl zum Wenden	30 g
Sonnenblumen- oder Maiskeimöl zum Braten	5 EL
fein gehackter frischer Majoran	3 EL
oder getrockneter Majoran	1 TL
Salz	
schwarzer Pfeffer aus der Mühle	

Das Schmalz in einer Pfanne zerlassen, die Zwiebelringe darin hell anbraten, die Erdäpfelscheiben* zugeben, salzen und von allen Seiten knusprig anbraten.

Die Blunzen* enthäuten, in 1 cm dicke Scheiben schneiden und beidseitig in dem Mehl wenden.

Das Öl in einer zweiten Pfanne erhitzen und die Blunzenscheiben darin auf beiden Seiten knusprig anbraten – am besten portionsweise.

Die Wurstscheiben vorsichtig mit den Erdäpfeln vermengen, nochmals mit Salz und Pfeffer abschmecken und mit frischem Majoran bestreut servieren.

Tipp: Das Gröstl* wird noch »g'schmackiger«, wenn beim Anbraten der Erdäpfel zusätzlich kleine Bauchspeckwürfel (ca. 60 g) mitgeröstet werden.

* Erdäpfel = Kartoffeln; Blunzen = Blutwurst, Rotwurst; Gröstl = Mischung aus Bratkartoffeln mit weiteren Zutaten, meist Zwiebeln und Fleisch oder Wurst

ALS BEILAGE
Grüner Salat

Faschierte Laibchen
Frikadellen auf österreichische Art

ZUBEREITUNGSZEIT	ca. 45 Minuten
ZUTATEN	für 4 Personen
in große Würfel geschnittene Semmeln vom Vortag	2 Stück (120 g)
lauwarme Rindsuppe (siehe Seite 121) oder Wasser	etwa 250 ml
Sonnenblumen- oder Maiskeimöl	3 EL
in kleine Würfel geschnittene Zwiebel	120 g
fein gehackte glatte Petersilie	3 EL
gemischtes Faschiertes* (vom Rind und Schwein)	800 g
Ei	1
Dijon-Senf	2 EL
gehackte Knoblauchzehen	3
getrockneter Majoran	2 TL
unbehandelte geriebene Zitronenschale	1 Msp.
Salz	
schwarzer Pfeffer aus der Mühle	
Semmelbrösel* zum Wälzen	
Sonnenblumen- oder Maiskeimöl zum Braten	100 ml
Küchenkrepp	

Die Semmelwürfel mit der lauwarmen Rindsuppe oder dem Wasser übergießen und kurz ziehen lassen.

Das Öl in einer Pfanne erhitzen und die geschnittenen Zwiebeln darin hellbraun braten. Die gehackte Petersilie zugeben, kurz mitbraten. Die Pfanne vom Herd nehmen und die Zwiebelmischung abkühlen lassen.

Die eingeweichten Semmelwürfel gut ausdrücken und mit der Zwiebelmischung zu dem Faschierten* geben. Das Ei, den Senf, den Knoblauch, den Majoran sowie die fein geriebene Zitronenschale zugeben und alles gut vermengen. Die Mischung kräftig mit Salz und Pfeffer abschmecken.

Aus dem Fleischteig mit befeuchteten Händen 8 Laibchen* formen und diese in den Semmelbröseln wälzen.

Das Sonnenblumenöl in einer Pfanne leicht erhitzen, die Laibchen einlegen und bei mittlerer Hitze auf jeder Seite etwa 6 Minuten braten. Die gebratenen Laibchen auf Küchenkrepp gut abtropfen lassen.

Warm oder kalt servieren.

Variante: Anstatt die Laibchen in Bröseln zu wälzen, kann man sie in ein Schweinsnetz (vorab in kaltem Wasser gewässert, abgetrocknet und in etwa 20 x 20 cm große Blätter geschnitten) einwickeln und braten.

* Faschiertes = Hackfleisch; Semmelbrösel = Paniermehl; Laibchen = kleine (flache) Laibe; Erdäpfel = Kartoffeln

ALS BEILAGE
Erdäpfelsalat* (Seite 314),
Petersilieerdäpfel (Seite 309),
Erdäpfelpüree (Seite 312)

Grammelknödel

ZUBEREITUNGSZEIT	ca. 1 ½ Stunden
ZUTATEN	für 4 Personen (12 kleine Knödel)
Für die Füllung	
fein gehackte Grammeln*	150 g
fein gehackte Knoblauchzehe	1
fein gehackte Petersilie	1 EL
Schweineschmalz	1 ½ EL
Salz	
Für den Erdäpfelteig	
mehlige, geschälte Erdäpfel*	250 g
Eigelb	2
Salz	
flüssige Butter	20 g
Weizengrieß	30 g
Weizenmehl	50 g
Erdäpfelmehl*	30 g
Weizenmehl zum Ausarbeiten	
Salz	
feine Schnittlauchröllchen	4 EL

Für die Füllung die Grammeln mit dem gehackten Knoblauch, der Petersilie und dem Schmalz gut verkneten und mit Salz abschmecken. Aus der Masse 12 kleine walnussgroße Kugeln formen. Diese bis zur Weiterverarbeitung zugedeckt kalt stellen.

Für den Erdäpfelteig die Erdäpfel vierteln, in Salzwasser weich kochen, Wasser abseihen*, die Erdäpfel im heißen Topf kurz ausdampfen lassen und noch heiß durch die Erdäpfelpresse drücken, dann vollständig abkühlen lassen.

Den kalten Erdäpfelbrei mit den Eigelb, 1 Prise Salz, der Butter, dem Grieß, dem Weizen- und dem Erdäpfelmehl rasch zu einem glatten Teig verkneten.

Den Teig auf einer bemehlten Arbeitsfläche zu einer etwa 3 cm dicken Rolle formen und diese in 12 Portionen teilen.

Die erkalteten Grammelkugeln mit jeweils einer zu einem flachen Kreis gedrückten Teigportion umhüllen und mit bemehlten Händen zu Knödeln* formen.

Reichlich Salzwasser in einem großen Topf zum Kochen bringen, die Knödel einlegen und bei reduzierter Hitze etwa 20 Minuten ziehen lassen.

Die garen Knödel mit einem Lochschöpfer aus dem Wasser nehmen, gut abtropfen lassen, mit warmem Krautsalat auf vorgewärmten Tellern anrichten und mit Schnittlauchröllchen bestreuen.

Tipp: Besonders gut schmecken die Grammelknödel mit etwas Bratensaft.

* Grammeln = Grieben; Erdäpfel = Kartoffeln; abseihen = abgießen; Knödel = Klöße

ALS BEILAGE
Warmer Krautsalat (Seite 318)

Selchfleischknödel

Rauchfleischklöße

ZUBEREITUNGSZEIT	ca. 30 Minuten
ZUTATEN	für 4 Personen
	(12 kleine Knödel)
gekochtes Selchfleisch*	200 g
Sonnenblumen- oder Maiskeimöl	3 EL
kleine, in feine Würfel geschnittene Zwiebel	1
in kleine Würfel geschnittener Frühstücksspeck	80 g
Eigelb	2
fein gehackte Blattpetersilie	2 EL
Salz	
schwarzer Pfeffer aus der Mühle	

Das gekochte Selchfleisch* in Würfel schneiden und grob faschieren*.

Das Öl in einer Pfanne erhitzen, die Zwiebelwürfel darin anschwitzen, dann die Speckwürfel zugeben und kurz mitbraten. Die Pfanne vom Herd nehmen und die Mischung abkühlen lassen.

Das faschierte Selchfleisch mit den Eigelb und der Petersilie gut vermengen (am besten mit den Händen), mit Salz und Pfeffer würzen.

Aus der Selchfleischmischung 12 kleine Knödel formen.

Die abgekühlte Speck-Zwiebel-Mischung in 12 walnussgroße Portionen teilen.

Jede Speck-Zwiebel-Portion mit jeweils einer zu einem flachen Kreis gedrückten Selchfleischportion umhüllen und mit den Händen zu Knödeln* formen.

Reichlich Salzwasser in einem großen Topf zum Kochen bringen, die Knödel einlegen und bei reduzierter Hitze etwa 20 Minuten ziehen lassen.

Die garen Knödel mit einem Lochschöpfer aus dem Wasser nehmen, gut abtropfen lassen und servieren.

* Selchfleisch = Rauchfleisch, Räucherfleisch; faschieren = durch den Fleischwolf drehen; Knödel = Klöße

SCHWEINEFLEISCH BRATEN

1 **Hintere Stelze (Hintereisbein, Hinterhaxe):** wer je-
mals eine gegessen hat, weiß, wie fein eine knusprige
Schwarte sein kann; wird mit dem Knochen gebraten

2 **Schopfbraten (Nacken):** stark durchwachsen, aber
ohne Schwarte – das klassische Schweinsbratenstück
kann am Knochen oder ausgelöst zubereitet werden

3 **Schweinsripperln (Rippchen):** durch den hohen
Knochenanteil extrem geschmackvoll, wird oft auch
geselcht angeboten

4 **Spare Ribs:** Knochen vom Karree, sehr beliebt zum
Grillen

5 **Jungschweinskarree (Kotelettstück):** der wunderbar saftige Schweinsbraten mit knuspriger Schwarte

6 **Karree kurz im Ganzen (Hinteres Kotelett mit
Filet):** die leichte, fettarme Variante

7 **Karree lang im Ganzen mit Knochen (Kotelettstück):** nicht so stark durchzogen wie etwa der
Schopfbraten (Kamm, Hlasgrat), fein und zart; der
Knochenanteil gibt Braten und Saft exzellenten Geschmack

8 **Schopfsteak (Nacken, ausgelöst):** gut durchwachsen-
sen, der saftige, herzhafte Braten ohne Knochen

9 **Bauchfleisch (Schweinebauch, Wammerl):** die saftige, gut durchzogene, herzhafte Bratenspezialität für
den klassischen Kümmelbraten

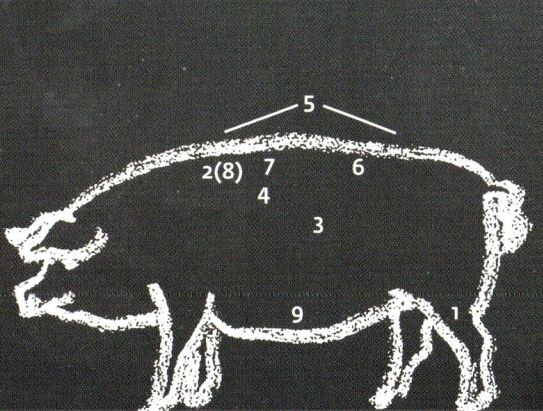

Schweinsbraten

ZUBEREITUNGSZEIT	ca. 2 Stunden
ZUTATEN	für 4 Personen
Schopfbraten* (ohne Knochen)	1,2 kg
Salz	
schwarzer Pfeffer aus der Mühle	
fein gehackte Knoblauchzehen	3
Kümmelsamen	1 TL
Schweineschmalz	2 EL
gehackte Schweinsknochen	300 g
Bier oder Rindsuppe	ca. 250 ml
(siehe Seite 121) zum Aufgießen	

Den Schopfbraten* etwa 1 Stunde vor der Zubereitung aus der Kühlung nehmen und mit Salz, Pfeffer, dem gehackten Knoblauch und dem Kümmel einreiben. (Den Schweinsbraten am besten schon am Vorabend mit den Gewürzen einreiben und zugedeckt im Kühlschrank ruhen lassen.)

Das Backrohr auf 160 °C vorheizen.

Einen Bräter auf den Herd stellen, erhitzen, das Schmalz darin zerlassen und die Knochen darin kräftig anbraten, bis sie dunkelbraun sind.

Die angerösteten Knochen mit dem Bier oder Wasser aufgießen, das gewürzte Fleisch darauflegen (eventuell ein Bratenthermometer hineinstecken) und im Backofen etwa 90 Minuten braten (die Kerntemperatur sollte ca. 80 °C erreichen).

Während des Bratens das Fleisch immer wieder mit Bratensaft übergießen und, wenn nötig, etwas Flüssigkeit (Bier oder Wasser) hinzufügen.

Die Ofentemperatur auf 80 °C reduzieren und den Braten etwa 20 – 30 Minuten ziehen lassen.

Den fertigen Schweinsbraten gegen die Faserrichtung in Scheiben schneiden und mit Gabelkraut und Knödeln auf vorgewärmten Tellern anrichten.

Tipp: Während des Bratens ist Zeit, das als Beilage empfohlene Gabelkraut und die Semmelknödel zuzubereiten!

*Schopfbraten = Schweinekamm, Schweinenackenbraten

ALS BEILAGE
Gabelkraut (Seite 307),
Semmelknödel (Seite 300)

Peperonata-Braten

ZUBEREITUNGSZEIT	ca. 2 ½ Stunden
ZUTATEN	für 4 Personen
Schweinskarreerose*	1,2 kg
Für die Gewürzpaste	
zerdrückte Knoblauchzehen	3
frisch gehackter Rosmarin	3 EL
edelsüßes Paprikapulver	1 TL
Olivenöl	3 EL
Salz	
schwarzer Pfeffer aus der Mühle	
Für den Braten	
rote Paprikaschoten	3
gelbe Paprikaschoten	2
Olivenöl	6 EL
Rosmarinnadeln	2 EL
Butter	20 g

ALS BEILAGE
Ofenfrisches Baguette
und Blattsalat

Das Fleisch 1 Stunde vor der Zubereitung aus der Kühlung nehmen.

Das Backrohr auf 80 °C vorheizen.

Für die Gewürzpaste den Knoblauch mit dem Rosmarin, dem Paprikapulver und dem Olivenöl gut verrühren, mit Salz und Pfeffer abschmecken.

Das Fleisch mit Salz und Pfeffer einreiben, mit der Paste bestreichen und in einen Bräter legen, ein Bratenthermometer in die dickste Stelle bis zum Fleischkern stecken und etwa 90 Minuten braten, bis es eine Kerntemperatur von 67 °C erreicht hat.

In der Zwischenzeit die Paprikaschoten waschen, der Länge nach vierteln und die Samen entfernen.

4 EL Olivenöl in einer Pfanne erhitzen, die Paprika darin anbraten und salzen. Die Rosmarinnadeln darübergeben und alles zugedeckt bei mittlerer Hitze etwa 10 – 15 Minuten sanft köcheln lassen.

Das Fleisch aus dem Rohr nehmen, die Ofentemperatur auf 60 °C reduzieren.

Das restliche Olivenöl in einer großen Pfanne erhitzen, die Butter darin aufschäumen und das Fleisch bei mittlerer Hitze von allen Seiten etwa 2 Minuten anbraten.

Die Paprikaschoten mit ihrem Bratensaft zum Fleisch geben. Alles zurück in den Bräter geben und etwa 30 Minuten im Rohr ruhen lassen.

Den Braten gegen die Faser in Scheiben schneiden und mit den Paprikaschoten und dem Bratensaft anrichten.

Tipp: Der Braten erhält mehr Pfiff, wenn Sie 3 kleine, frische Chilischoten mit der Paste im Mörser zerkleinern.

Der Braten schmeckt auch kalt – dünn aufgeschnitten, mit etwas fein geschnittenen Frühlingszwiebeln bestreut und mit bestem Olivenöl beträufelt.

* Schweinskarreerose = bestes Stück des Kotelettstücks, auch Kotelettgrat genannt

Kümmelbraten

ZUBEREITUNGSZEIT	ca. 2 ½ Stunden
MARINIERZEIT	mind. 1 Stunde vorher, besser schon am Vorabend
ZUTATEN	für 4 Personen
geschröpftes* Bauchfleisch*	1,2 kg
Salz	1 EL
Kümmelsamen	1 EL
geschälte Knoblauchzehen	5
Wasser zum Aufgießen	ca. 375 ml
schwarzer Pfeffer aus der Mühle	

Das Fleisch mit reichlich Salz einreiben, in einen Bräter legen, mit dem Kümmel bestreuen und zugedeckt mindestens 60 Minuten ruhen lassen.

Das Backrohr auf 160 °C vorheizen.

Den Knoblauch und 125 ml Wasser zugeben, das Fleisch auf der untersten Schiene des Backofens braten, bis es eine Kerntemperatur von 75 – 80 °C erreicht hat. (Das dauert je nach Backrohr 60 – 90 Minuten.)

Etwa 1 Stunde später nochmals 125 ml Flüssigkeit zugießen.

Die Ofentemperatur auf 250 °C erhöhen, die Schwarte leicht salzen und das Fleisch braten, bis die Schwarte knusprig ist, das sollte nach 15 Minuten der Fall sein.

Wichtig: Die Schwarte nicht übergießen, sie wird sonst nicht knusprig!

Das Rohr ausschalten, die Backrohrtüre etwas öffnen und den Braten 10 – 15 Minuten ruhen lassen.

Das Fleisch gegen die Faser in Scheiben schneiden und auf vorgewärmten Tellern anrichten. Den Bratensaft mit Salz und Pfeffer abschmecken und um das Fleisch gießen.

Tipps: Der Kümmelbraten schmeckt dünn aufgeschnitten auch kalt mit würzigem Roggenbrot, frischem Kren*, Senf und Pfefferoni* ganz vorzüglich.

Bauchfleisch* mit Knochen gibt beim Braten einen besseren Saft und mehr Geschmack, allerdings ist zu beachten, dass die Knochen vor dem Aufschneiden ausgelöst werden müssen.

* geschröpft = auf der Fett- oder Schwartenseite in regelmäßigen Abständen mit einem scharfem Messer bis zum Fleischansatz kreuzweise eingeschnitten; Bauchfleisch = Schweinebauch, Wammerl; Knödel = Klöße; Kren = Meerrettich; Pfefferoni = Pepperoni

ALS BEILAGE
Semmelknödel (Seite 300),*
Gabelkraut und Salat

159

Wiener Küche & Wiener Wein

Der »Heurige« ist wohl so alt wie die Wiener Weinkultur selbst. Immerhin ist Wien die einzige Großstadt der Welt, in der innerhalb der Stadtgrenzen auch tatsächlich Wein angebaut wurde und wird. Seinen großen Aufschwung erlebte der Buschenschank im 18. Jahrhundert, als die Zirkularverordnung Kaiser Josefs II. »die Erlaubnis für jedermann« erteilte, »die von ihm selbst erzeugten Lebensmittel, Wein und Obstmost zu allen Zeiten des Jahres, wie, wann und in welchem Preise er will, zu verkaufen oder auszuschenken«.

Ausgeschenkt wurde dabei jeweils das Produkt der letzten Ernte, der »heurige Wein«. Die Jause dazu brachte man sich anno dazumals übrigens meist selbst mit, heute übernehmen diese Funktion längst Heurigenbuffets, die die ganze Palette der warmen und kalten Wiener Schmankerlküche widerspiegeln.

Bild links: Firmengründer Franz Radatz senior – die Familie Radatz zeichnet als Herausgeber des vorliegenden Buches verantwortlich – ist als Gründer und Grand Seigneur des traditonsreichen Wiener Fleischverarbeitungsbetriebes ein anspruchsvoller Gast. Einer seiner Lieblingsheurigen ist »der Wieninger« in Stammersdorf – die Weine Fritz Wieningers gehören zu den renommiertesten des Landes. Lieblingsessen dazu: der Kümmelbraten.

Überbackene Schinkenfleckerln

ZUBEREITUNGSZEIT	ca. 1 Stunde
ZUTATEN	für 4 Personen
Fleckerln*	250 g
Wasser	3 l
Salz	3 TL
Beinschinken (oder anderer saftiger Kochschinken)	400 g
Eier	5
flüssiger Schlagobers*	250 ml
Sauerrahm	250 ml
Salz	
schwarzer Pfeffer aus der Mühle	
Semmelbrösel*	3 EL
weiche Butter zum Ausstreichen der Backform	
Semmelbrösel zum Ausstreuen der Backform	
Backform ca. 30 x 20 cm	

Das Backrohr auf 200 °C vorheizen.

Das Wasser mit dem Salz zum Kochen bringen und die Fleckerln* darin ca. 7–8 Minuten bissfest kochen. Die Fleckerln abseihen*, mit warmem Wasser abspülen und gut abtropfen lassen.

Den Beinschinken in ganz dünne Scheiben (1 mm fein) schneiden. Diese in Quadrate von 1 cm Kantenlänge schneiden.

4 Eier in Eigelb und Eiweiß trennen. Die Eiweiß beiseitestellen. Die Eigelb mit dem letzten, nicht getrennten Ei, dem Schlagobers und dem Sauerrahm gut verquirlen. Mit Salz und Pfeffer aus der Mühle kräftig würzen.

Die Eiweiß mit etwas Salz in einer Metall- oder Keramikschüssel steif schlagen.

Die Fleckerln und die Schinkenwürfelchen mit der Eigelbmischung und den Semmelbröseln vermengen. Anschließend vorsichtig den Eischnee unterheben.

Die Backform mit Butter ausstreichen und mit Semmelbröseln ausstreuen.

Die Schinkenfleckerl in die Backform füllen und im Backrohr 30 bis 40 Minuten backen.

Tipp: Schnelle Schinkenfleckerln: Bissfest gekochte Fleckerln mit Schinkenwürfeln in einer Pfanne mit etwas zerlassener Butter andünsten und mit 2–3 EL Sauerrahm leicht schmurgeln. Mit Salz und Pfeffer abschmecken und servieren.

* Fleckerln = in kleine Quadrate geschnittener Nudelteig, breite Bandnudeln sind auch geeignet; Schlagobers = Sahne; Semmelbrösel = Paniermehl; abseihen = abgießen; schmurgeln = köcheln

ALS BEILAGE
Grüner Salat

Gebratener Schweinslungenbraten
Gebratenes Schweinefilet

ZUBEREITUNGSZEIT	ca. 30 Minuten
ZUTATEN	für 4 Personen
Schweinslungenbraten*	3 Stück à 200 g
Salz	
fein gehackte Rosmarinnadeln	1 EL
grob geschroteter schwarzer Pfeffer	1 EL
Sonnenblumen- oder Maiskeimöl	1 EL
Butter	40 g

Das Fleisch etwa 30 Minuten vor der Zubereitung aus der Kühlung nehmen.

Das Backrohr auf 80 °C vorheizen.

Das Fleisch salzen und mit Rosmarin und grobem Pfeffer einreiben.

Das Öl in einer ofenfesten Pfanne erhitzen, das Fleisch von allen Seiten darin anbraten, die Butter zugeben und das Fleisch im Rohr etwa 20 Minuten ziehen lassen.

Das gare Fleisch in Scheiben schneiden und mit dem Linsengemüse anrichten.

* Lungenbraten = Filet

ALS BEILAGE
Specklinsen (Seite 305)

Stephaniebraten

ZUBEREITUNGSZEIT	ca. 1 ¼ Stunden
ZUTATEN	für 4 Personen
Schweinsnetz	1
Weißweinessig	2 EL
gemischtes Faschiertes*	800 g
Semmeln vom Vortag	2 Stück (120 g)
große Zwiebel	120 g
Sonnenblumen- oder Maiskeimöl	3 EL
gehackte glatte Petersilie	3 EL
Ei	1
Dijon-Senf	2 EL
gehackte Knoblauchzehen	3
getrockneter Majoran	2 TL
abgeriebene, unbehandelte Zitronenschale	½ TL
Salz	
schwarzer Pfeffer aus der Mühle	
wachsweich gekochte Eier	4
kleine Essiggurken	8
Semmelbrösel* zum Wälzen	
Sonnenblumen- oder Maiskeimöl zum Braten	

Das Schweinsnetz mit kaltem Wasser gut abschwemmen, in eine Schüssel legen, mit kaltem Wasser bedecken, den Weißweinessig zugeben und das Schweinsnetz 30 Minuten gut wässern.

In der Zwischenzeit die Semmeln in eine Schüssel geben, mit lauwarmem Wasser übergießen und kurz ziehen lassen.

Die Zwiebel schälen und in feine Würfel schneiden. Das Öl in einer Pfanne erhitzen und die Zwiebelwürfel darin hellbraun anbraten. Die gehackte Petersilie zugeben und kurz mitbraten. Die Pfanne vom Herd nehmen und die Zwiebelmischung abkühlen lassen.

Die eingeweichten Semmeln gut ausdrücken und mit der Zwiebelmischung zu dem Faschierten* geben. Das Ei, den Senf, den Knoblauch, den Majoran und den Zitronenabrieb zugeben und alles gut vermengen. Die Mischung kräftig mit Salz und Pfeffer abschmecken.

Das Backrohr auf 160 °C vorheizen.

Das Schweinsnetz nochmals abschwemmen und gut ausspülen, dann in einem Quadrat von ca. 40 x 40 cm auf der Arbeitsfläche ausbreiten (überstehende Teile abschneiden). Die Hälfte des Fleischteigs der Länge nach daraufgeben. Den Laib auf ganzer Länge mit den gekochten Eiern und den Gewürzgurken belegen, mit dem restlichen Fleischteig bedecken und das Schweinsnetz darumklappen. Den Laib auf ein Blech legen und ca. 45–50 Minuten im Backrohr braten.

Das Backrohr ausschalten, den Braten etwa 10 Minuten ruhen lassen, anschließend in etwa 1 ½ cm dicke Scheiben schneiden und anrichten.

Tipp: Füllen Sie den Braten mit gebratener Paprika, Schafskäse und Oliven oder Mozzarella, getrockneten Tomaten und frischem Basilikum.

* Faschiertes = Hackfleisch; Semmelbrösel = Paniermehl

ALS BEILAGE
Erdäpfelpüree (Seite 312) mit gerösteten Zwiebelringen

Beinschinken in Kräuterkruste

ZUBEREITUNGSZEIT	ca. 2 ¼ Stunden
ZUTATEN	für 6 Personen
gekochter Spanferkelbeinschinken	2–3 kg

Für die Kräuterpaste	
fein gehackter Thymian	2 EL
fein gehackte Petersilie	2 EL
fein gehackte Rosmarinnadeln	2 EL
Salz	1 EL
fein gehackte Knoblauchzehen	3
Olivenöl	125 ml

Zum Spicken	
in Scheiben geschnittene Knoblauchzehen	4–5
frischer Rosmarin	3 Zweige

Zum Braten	
Olivenöl	3 EL
frische Lorbeerblätter	5
frischer Rosmarin	2–3 Zweige

Für die Kräuterpaste die gehackten Kräuter mit dem Salz, den gehackten Knoblauchzehen und dem Olivenöl (125 ml) in einer Schüssel vermengen.

Etwa 500 ml Wasser in einer ofenfesten Pfanne aufkochen. Den Schinken mit der Schwarte nach unten in die Pfanne legen und 3–4 Minuten kochen lassen. So wird die Schwarte weicher und lässt sich später leichter einschneiden und spicken. Den Schinken dann aus der Pfanne nehmen, das Kochwasser wegschütten.

Die Schinkenschwarte mit einem scharfen Messer in 2 cm breiten Abständen gitterartig einschneiden.

Die Rosmarinnadeln von den Zweigen streifen. Die Einschnitte mit kleinen Bündeln von Rosmarinnadeln (»Rosmarinsträußchen«) und Knoblauchscheiben spicken. Die Schwarte dann großzügig mit der Kräuterpaste bestreichen.

Das Olivenöl (3 EL), die Lorbeerblätter und Rosmarinzweige in die ofenfeste Pfanne geben. Den Schinken mit der Schwarte nach oben darauflegen. Den Schinken im auf 200 °C vorgeheizten Rohr auf der mittleren Schiene etwa 15 Minuten braten. Dann die Ofentemperatur auf 160 °C reduzieren und den Schinken weitere 90 Minuten braten.

Den garen Schinken kurz ruhen lassen, dann gegen die Faser in fingerdicke Scheiben schneiden und anrichten.

Tipp: Anstelle eines Spanferkelbeinschinkens können Sie jedes Selchfleischstück* mit Schwarte verwenden.

* Erdäpfelpüree = Kartoffelpüree, Kartoffelbrei; Vogerlsalat = Feldsalat, Rapunzelsalat, Ackersalat, Nüsslisalat (schw.); Selchfleisch = geräuchertes Schweinefleisch

ALS BEILAGE
Erdäpfelpüree (Seite 312)*
*und Vogerlsalat**

SCHWEINEFLEISCH DÜNSTEN

1 **Dicke Schulter (Dickes Bugstück) ohne Schwarte:** das klassische Stück für Reisfleisch, Schweinsgulasch oder Krenfleisch – nicht zu fett und nicht zu mager

2 **Schale (Oberschale):** zarter Teil des Schlögels, mager und fein

3 **Nuss (Kugel):** leicht durchzogener Teil des Schlögels

4 **Schluss (Hüfte):** saftigster Teil des Schlögels, gutes Gulaschfleisch

5 **Schopfbraten (Nacken), ausgelöst und aufgeschnitten:** gut durchwachsen, dadurch sehr saftig

6 **Weißes Scherzel (Teil der Unterschale):** mager und zart – ein feines Schweinsragout

7 **Bauchfleisch (Schweinebauch, Wammerl):** geschmacksintensiv und saftig; für alle, die es herzhaft lieben

8 **Leber:** geschnetzelt für geröstete Leber

Szegediner Krautfleisch

ZUBEREITUNGSZEIT	ca. 1 Stunde 40 Minuten
ZUTATEN	für 4 Personen
Schopfbraten* oder Schulter*	600 g
Schweineschmalz	2 EL
fein geschnittene Zwiebeln	2
grob geschnittene Knoblauchzehen	2
Kümmelsamen	1 TL
getrockneter Majoran	1 TL
edelsüßes Paprikapulver	3–4 EL
Paradeismark*	1 EL
Rindsuppe (siehe Seite 121)	500 ml
Lorbeerblatt	1
Wacholderbeeren	3
schwarze Pfefferkörner	5
Sauerkraut	500 g
geschälte und in 1 cm große Würfel geschnittene, speckige Erdäpfel*	500 g
Salz	
Sauerrahm	250 ml

Das Fleisch 30 Minuten vor der Zubereitung aus dem Kühlschrank nehmen und in Würfel von ca. 2 cm Kantenlänge schneiden.

Das Schmalz in einem großen flachen Topf zerlassen. Die Zwiebeln und den Knoblauch darin hellbraun anschwitzen, dann den Kümmel und den Majoran zugeben und kurz mitbraten.

Den Topf vom Herd nehmen. Das Paprikapulver und das Paradeismark* dazugeben, alles gut durchrühren. Den Topf wieder auf den Herd stellen, mit der Suppe aufgießen und einmal aufkochen.

Die Fleischwürfel sowie das Lorbeerblatt, die Wacholderbeeren und die Pfefferkörner hinzufügen und das Fleisch bei mittlerer Hitze etwa 30 Minuten sanft köcheln lassen.

Das Sauerkraut kalt abschwemmen und gut ausdrücken. Das Sauerkraut mit den Erdäpfeln zu dem Fleisch geben, mit Salz abschmecken und etwa 45 Minuten weiterköcheln lassen.

Das gare Krautfleisch auf vorgewärmten Tellern anrichten und jeweils einen Esslöffel Sauerrahm daraufgeben.

Tipp: Wer das Gulasch etwas schärfer haben möchte, koche 1 scharfe Pfefferoni* mit.

* Schopfbraten = Nacken, Kamm, Halsgrat, Hals (schw.); Schulter = Blatt, Bug, Laffe (schw.); Paradeismark = Tomatenmark; Erdäpfel = Kartoffeln, Pfefferoni = Pepperoni

ALS BEILAGE
Frisches Bauernbrot

Krautrouladen

ZUBEREITUNGSZEIT	ca. 1 Stunde 20 Minuten
ZUTATEN	für 4 Personen
Weißkraut	1 Kopf, ca. 1 kg
Salz	
Sonnenblumen- oder Maiskeimöl	4 EL
Kümmelsamen	1 TL
Salz	
schwarzer Pfeffer aus der Mühle	
Für die Füllung	
in Würfel geschnittene Semmel	1 Stück (60 g)
Milch	125 ml
Sonnenblumen- oder Maiskeimöl	3 EL
fein geschnittene Zwiebel	1
fein gehackte Blattpetersilie	4 EL
gemischtes Faschiertes* (aus Rind und Schwein)	500 g
Ei	1
fein gehackte Knoblauchzehen	3
getrockneter Majoran	1 TL
scharfes Paprikapulver	1 TL
Salz	
schwarzer Pfeffer aus der Mühle	
heiße Rindsuppe (siehe Seite 121)	250 ml
Frühstücksspeck	8 Scheiben
Sauerrahm	250 ml

Das Weißkraut putzen und den Strunk kreuzweise einschneiden. Reichlich Salzwasser in einem großen Topf zum Kochen bringen, den Kopf Weißkraut hineinlegen und so lange kochen, bis sich die äußeren Blätter lösen. Das Kraut kurz in kaltes Wasser legen, 8 große Blätter lösen und beiseitestellen. Das restliche Weißkraut in feine Streifen schneiden.

Das Öl in einem großen Topf erhitzen, die Weißkrautstreifen darin 2–3 Minuten sanft anschwitzen, den Kümmel zufügen, salzen und pfeffern. Alles in eine Auflaufform oder einen Bräter geben.

Für die Füllung die Semmelwürfel mit der Milch übergießen und 10 Minuten ziehen lassen. Das Öl in einer Pfanne erhitzen und die Zwiebel darin glasig anschwitzen, die Petersilie zugeben und kurz mitbraten, vom Herd nehmen und abkühlen lassen. Die weiche Semmel gut ausdrücken, mit der Zwiebelmischung zu dem Faschierten* geben. Das Ei, den Knoblauch, den Majoran und das Paprikapulver hinzufügen, mit Salz und Pfeffer würzen und gut vermengen. Diese Mischung in 8 gleiche Portionen teilen.

Das Backrohr auf 140 °C vorheizen.

Die 8 ganzen Krautblätter flach ausbreiten und trocken tupfen. Auf jedes Krautblatt 1 Portion Faschiertes legen, die Enden einschlagen, einrollen und die Rouladen auf das Kraut legen.

Alles mit der heißen Suppe übergießen, jede Roulade mit einer Speckscheibe belegen und im Rohr zugedeckt etwa 40 Minuten dünsten.

Den Sauerrahm glatt rühren, die Rouladen damit übergießen und weitere 15 Minuten offen fertig braten. Die Rouladen im ausgeschalteten Rohr etwa 10 Minuten ruhen lassen, dann auf vorgewärmten Tellern anrichten.

ALS BEILAGE
*Salzerdäpfel**

* Faschiertes = Hackfleisch; Salzerdäpfel = Salzkartoffeln

Gefüllte Paprika

ZUBEREITUNGSZEIT	ca. 1 ½ Stunden
ZUTATEN	für 4 Personen

Für die Paradeissauce*

Butter	50 g
Paradeismark*	2 EL
passierte Paradeiser*	1 l
Rindsuppe (siehe Seite 121)	250 ml
Gewürznelken	2
Lorbeerblatt	1
Pimentkörner	3
ungeschälte Knoblauchzehen	2
Zucker	2 EL
Salz	1 TL

Für die gefüllte Paprika

Langkornreis	80 g
kleine, grüne Paprikaschoten	8
Butter	20 g
in kleine Würfel geschnittener Speck	80 g
in kleine Würfel geschnittene Zwiebel	1
feingehackte Knoblauchzehen	2
gemischtes Faschiertes* (Rind und Schwein)	500 g
Dijon-Senf	2 EL
getrockneter Majoran	1 EL
Sonnenblumen- oder Maiskeimöl	2 EL
Salz	
schwarzer Pfeffer aus der Mühle	

ALS BEILAGE
*Salzerdäpfel**

140 ml Wasser mit 1 TL Salz aufkochen, den Reis zugeben, aufkochen und bei geringer Hitze bedeckt bissfest garen.

Für die Paradeissauce* die Butter in einem großen Topf zerlassen. Das Paradeismark* zugeben und unter ständigem Rühren kurz anbraten. Mit den passierten Paradeisern* aufgießen und die Rindsuppe zufügen. Die Gewürznelken, das Lorbeerblatt, die Pimentkörner und den Knoblauch zugeben, mit Zucker und Salz abschmecken und bei geringer Hitze ca. 10 Minuten köcheln lassen. Dabei immer wieder umrühren.

Für die Füllung die Butter in einer Pfanne zerlassen und die Speckwürfel darin anbraten, die geschnittenen Zwiebeln und den gehackten Knoblauch zugeben und die Zwiebeln glasig schwitzen, vom Herd nehmen und kurz abkühlen lassen.

Das Faschierte* mit der Speck-Zwiebel-Mischung, dem gekochten Reis, dem Senf, dem Majoran, dem Sonnenblumenöl, Pfeffer und Salz vermengen.

Die Paprikaschoten mit einem kleinen spitzen Messer rund um den Stielansatz einschneiden. Den »Deckel« herausziehen und die Scheidewände der Paprika mit dem Messer auskratzen. Die Samen mit kaltem Wasser ausspülen. Die Schoten umgedreht auf einem Küchentuch abtropfen lassen. Jeden Deckel wieder in die dazugehörende Schote stecken, damit er beim Füllen zur Hand ist.

Das Backrohr auf 160 °C vorheizen.

Die Deckel von den Schoten nehmen, die Füllung mit einem Löffel in die Paprika geben und leicht andrücken, sodass die Schoten gut gefüllt sind. Den Deckel aufsetzen und eventuell mit einem Zahnstocher fixieren.

Die Schoten in die Paradeissauce* setzen und im Backrohr ca. 50–60 Minuten zugedeckt schmoren.

* Paradeissauce = Tomatensauce; Paradeismark = Tomatenmark; Paradeiser = Tomaten; Faschiertes = Hackfleisch; Erdäpfel = Kartoffeln

Erdäpfelgulasch
Kartoffelgulasch

ZUBEREITUNGSZEIT	ca. 1 Stunde
ZUTATEN	für 4 Personen
Sonnenblumenöl oder Schweineschmalz	4 EL
große, in feine Würfel geschnittene Zwiebel	1
fein geschnittene Knoblauchzehen	2
getrockneter Majoran	1 EL
Kümmelsamen	1 TL
Paradeismark*	1 EL
edelsüßes Paprikapulver	5 EL
getrocknete Lorbeerblätter	2
schwarze Pfefferkörner	5
Rindsuppe (siehe Seite 121)	1 l
festkochende, geschälte und geviertelte, ungekochte Erdäpfel*	1 kg
Waldviertler Würstel oder andere geräucherte Würste	2 Stück, ca. 300 g
Salz	
schwarzer Pfeffer aus der Mühle	

Das Öl oder Schmalz in einem großen Topf erhitzen. Die Zwiebelwürfel und den Knoblauch darin 2–3 Minuten anschwitzen, dann den Majoran und den Kümmel zugeben und kurz mitbraten.

Den Topf vom Herd nehmen, das Paradeismark* und das Paprikapulver sowie die Lorbeerblätter und die Pfefferkörner hinzufügen und alles gut vermengen.

Den Topf wieder auf den Herd stellen, mit der Rindsuppe auffüllen, die Erdäpfelviertel* zugeben und das Gulasch bei mittlerer Hitze etwa 25–30 Minuten köcheln lassen, bis die Erdäpfel weich sind und die Sauce eine sämige Konsistenz hat.

Die Würste schälen, in ½ cm dicke Scheiben schneiden, in das Gulasch geben und 5–8 Minuten ziehen lassen.

Das Gulasch mit Salz und Pfeffer abschmecken und servieren.

* Erdäpfel = Kartoffeln; Paradeismark = Tomatenmark

ALS BEILAGE
Brot oder knusprige Backwaren

Geschmorte Schweinsschulter
mit Fenchel

ZUBEREITUNGSZEIT	ca. 2 ½ Stunden
MARINIERZEIT	1 Stunde
ZUTATEN	für 4 Personen
Schweinsschulter mit Schwarte	1,2 kg
Olivenöl	2 EL
Salz	
Für die Gewürzmischung	
Fenchelsamen	2 EL
getrocknete rote Chilischoten	1–2
schwarze Pfefferkörner	1 TL
Für das Fenchelbett	
Fenchelknollen	2 Stück à 300 g
Olivenöl	4 EL
Salz	
weißer Aceto balsamico	1–2 EL
Küchengarn	
Alufolie	

Das Fleisch 1 Stunde vor der Zubereitung aus der Kühlung nehmen.

Die Schwarte mit einem scharfen Messer in Abständen von 1 cm gitterartig einschneiden und das Fleisch zu einer Platte aufschneiden. Die Fleischseite mit dem Olivenöl einreiben und salzen.

Für die Gewürzmischung die Fenchelsamen, die Chilis und die Pfefferkörner im Mörser oder im Mixaufsatz der Küchenmaschine zerkleinern. Das Fleisch mit der Gewürzmischung bestreichen und mit der Schwarte nach außen zusammenrollen.

Die Fleischrolle mit Küchengarn (in den Einschnitten der Schwarte) zusammenbinden und die Schwarte salzen. Die Rolle in Alufolie wickeln und bei Zimmertemperatur ca. 1 Stunde ruhen lassen.

Für das Fenchelbett die Fenchelknollen achteln, in einen Bräter legen, mit dem Olivenöl beträufeln und mit Salz bestreuen.

Das Fleisch mit der Schwarte nach oben auf das Fenchelbett legen und zugedeckt im auf 140 °C vorgeheizten Backrohr 2 Stunden auf eine Kerntemperatur von ca. 55 °C schmoren. Dann den Aceto balsamico zugeben.

Die Ofentemperatur auf 200 °C erhöhen und das Fleisch so lange offen braten, bis die Kruste schön knusprig ist (18–20 Minuten), dabei nicht übergießen! Der gare Braten soll eine Kerntemperatur von 75–80 °C haben.

Für einen Braten ohne Schwarte reicht eine Schmorzeit von 2 Stunden, davon 30 Minuten im offenen Bräter.

Den fertigen Braten im ausgeschalteten Rohr mindestens 15 Minuten ruhen lassen. Anschließend das Küchengarn entfernen.

Das Fleisch in Scheiben schneiden und mit dem Fenchel auf vorgewärmten Tellern anrichten.

ALS BEILAGE
Reis, Salzerdäpfel*, Baguette

* Erdäpfel = Kartoffeln

SCHWEINEFLEISCH SIEDEN

1 **Vordere Stelze (Vordereisbein, Vorderhaxe):** saftig durchzogen für Ragouts, steirisches Wurzelfleisch, Krautfleisch

2 **Bauchfleisch (Schweinebauch, Wammerl):** herzhaft mit schöner Fettauflage

Beide Teilstücke sind nicht nur gebraten ein Genuss, sondern geben auch herzhaften Gerichten wie dem steirischen Wurzelfleisch erst den richtigen Geschmack

3 **Schweinskopf:** gehört zum Jahresausklang als Glücksbringer wie der Schinken zum Osterfest. Alternativ zum Kalbskopf kann man köstliche Sülzen oder »Presskopf« aus ihm bereiten

4 **Schulter (Blatt, Bug):** herzhaft und leicht durchwachsen, fürs saftige Ragout und Szegediner Gulasch

5 **Haxerl (Spitzbein, Füße):** braucht man auch für die Zubereitung von Sülzen und Gelees, wird in der ländlichen Küche aber auch in der traditionellen steirischen Klachelsuppe serviert

6 **Zunge:** als Sulzeinlage oder warm mit einem Püree serviert oder kalt mit frisch geriebenem Kren zur Jause

7 **Schwarten:** geben der Sulz die Festigkeit

8 **Weißes Scherzel (Teil der Unterschale):** zart und besonders mager, bei Ragouts und Eintöpfen die fettarme Alternative zu Stelze und Bauchfleisch

9 **Filet:** das zarteste Teilstück vom Schwein eignet sich auch hervorragend zum sanften Garen in Suppe und ist dann mit feinen Gemüsen oder Salaten ein besonders leichtes Gericht

Tellersulz

ZUBEREITUNGSZEIT	ca. 3 ¾ Stunden
KÜHLZEIT	5–6 Stunden
ZUTATEN	für 6–8 Personen
1 vordere Schweinsstelze*	ca. 1–1,20 kg
getrocknetes Lorbeerblatt	1
schwarze Pfefferkörner	5
Pimentkörner	5
geschälte und geviertelte Zwiebel	1
Salz	
Karotte	120 g
Knollensellerie	120 g
gelbe Rübe	120 g
weiße Gelatine	3 Blatt
Weißweinessig	2 EL
Essiggurken	80 g
fein gehackte Petersilie oder Schnittlauchröllchen	3 EL

Für die Garnitur

in feine Ringe geschnittene rote Zwiebel	100 g
hart gekochte und in Scheiben geschnittene Eier	2
kleine Essiggurken	8
Kürbiskern- oder Olivenöl extra vergine zum Beträufeln	5–6 EL
schwarzer Pfeffer aus der Mühle	

Die Stelze* in einen hohen Topf geben, mit ca. 3 l kaltem Wasser bedecken, die Gewürze und die Zwiebel zugeben, etwas salzen und die Stelze bei mittlerer Hitze etwa 2 ½ Stunden kochen.

Die Karotte, den Knollensellerie und die gelbe Rübe schälen, zu dem Fleisch geben und bei geringer Hitze weitere 45 Minuten ziehen lassen.

Die Stelze und das Gemüse aus dem Sud nehmen und kurz abkühlen lassen.

Das noch warme Fleisch vom Knochen lösen und in etwa 1 cm große Würfel schneiden.

Das gekochte Gemüse ebenfalls in etwa 1 cm große Würfel schneiden.

Die Gelatine in kaltem Wasser einweichen.

Den Kochsud abseihen*, wieder auf den Herd stellen und auf etwa 500 ml einkochen, salzen, die gut ausgedrückte Gelatine darin auflösen, den Essig zugeben und den Sud abkühlen lassen.

Die Essiggurken (80 g) in kleine Würfel schneiden, mit den Fleisch- und Gemüsewürfeln sowie der Petersilie oder den Schnittlauchröllchen vermengen und auf tiefe Suppenteller verteilen.

Den mit der Gelatine angerührten Sud darübergießen, alles vorsichtig mit der Gabel vermengen und die Sülze 4–5 Stunden bzw. über Nacht gelieren lassen.

Die erstarrte Sülze mit den Zwiebelringen, den Eischeiben und den 8 kleinen Essiggurken garnieren, mit Öl beträufeln und mit grob geschrotetem Pfeffer bestreuen.

Die Sülze etwa 30 Minuten vor dem Servieren aus der Kühlung nehmen.

Variante: Die Sülze in einer Kastenform zubereiten, über Nacht kalt stellen, stürzen, in Scheiben schneiden und wie die Tellersulz garnieren.

ALS BEILAGE
Schwarzbrot

* Stelze = Eisbein, Haxe; abseihen = abgießen

Ritschert – Selchfleischeintopf

Rauchfleischeintopf

ZUBEREITUNGSZEIT	ca. 2 ¾ Stunden
EINWEICHZEIT	6 Stunden
ZUTATEN	für 4 Personen
kleine weiße Bohnenkerne	120 g
Rollgerste	120 g
Teilsames* oder Selchripperln	500 g
Sonnenblumen- oder Maiskeimöl	3 EL
grob geschnittene Zwiebel	1
Knoblauchzehen	2
schwarze Pfefferkörner	5
frische Blattpetersilie	2 Zweige
frische Salbeiblätter	2
frischer Liebstöckel	1 kleiner Zweig
in Würfel geschnittene Karotten	180 g
große, festkochende in Würfel geschnittene Erdäpfel*	4 Stück, ca. 500 g
in Ringe geschnittener Lauch	1 kleine Stange
Apfelessig	1 Spritzer
Salz	
schwarzer Pfeffer aus der Mühle	
gehackte glatte Petersilie	4 EL

Die Bohnen und die Rollgerste separat über Nacht (oder mindestens 6 Stunden) in kaltem Wasser einweichen.

Das Selchfleisch oder die Ripperl in einen hohen Topf geben, mit ca. 3 l kaltem Wasser bedecken und bei mittlerer Hitze ganz sanft wallend kochen. (Die Kochzeit beträgt für Teilsames 1 Stunde, für Selchripperl 1 ½ Stunden.)

Das Fleisch aus dem Wasser nehmen und beiseitestellen. Das Kochwasser aufheben.

Das Öl in einem großen Topf erhitzen, die geschnittene Zwiebel und den Knoblauch darin anschwitzen. Dann die gut abgetropften Bohnenkerne und die Rollgerste hinzugeben. Das Gemüse danach mit ca. 1 ½ l Kochwasser auffüllen.

Die Pfefferkörner, die Petersilie, den Liebstöckel und die Salbeiblätter hinzufügen und den Eintopf bei mittlerer Hitze etwa 1 Stunde köcheln lassen.

Das Selchfleisch in kleine Würfel schneiden bzw. die Ripperl vom Knochen lösen und klein würfeln.

Die Kräuter aus dem Eintopf entfernen.

Die Selchfleisch-, Karotten- und Erdäpfelwürfel sowie die Lauchringe in den Eintopf geben und weitere 20 Minuten köcheln lassen, bis das Gemüse gar ist.

Das Ritschert mit einem Spritzer Essig, Salz und Pfeffer abschmecken, in tiefen Tellern anrichten und mit reichlich Petersilie bestreut servieren.

*Teilsames = geräucherte Schweineschulter oder -keule; Erdäpfel = Kartoffeln; Selchripperln = geräucherte Schweinerippchen

ALS BEILAGE
Schwarzbrot

Surstelze
Gepökeltes Eisbein

ZUBEREITUNGSZEIT	ca. 2 ½ Stunden
ZUTATEN	für 4 Personen
1 Surstelze*	ca. 1,8 kg
Chilischoten	3
Wurzelwerk* (z. B. Karotten, Sellerie und gelbe Rüben)	300 g
frisch geriebener Kren*	4 EL

Die Surstelze* etwa 1 Stunde vor der Zubereitung aus der Kühlung nehmen.

Das Fleisch mit etwa 3 l Wasser und den ganzen Chilischoten in einen Topf geben und bei mittlerer Hitze etwa 1 ½ Stunden kochen.

Das Wurzelwerk* putzen, im Ganzen in den Topf geben und etwa 1 Stunde weiterkochen.

Die Stelze aus dem Sud nehmen, das Fleisch vom Knochen lösen, in Tranchen schneiden und mit dem gekochten, in Würfel geschnittenen Gemüse sowie dem Bohnensalat anrichten.

Mit frisch geriebenem Kren* bestreuen.

Tipp: Sollte etwas Fleisch und Suppe oder Sud übrig bleiben, lässt sich daraus eine herzhafte Rahm-Kren-Suppe* zubereiten: Dafür 1 Becher Crème fraîche mit 2 – 3 EL Weizenmehl und etwas Suppe glatt rühren. Diese Mischung mit etwa 500 ml der restlichen Suppe verrühren, 2 – 3 Minuten gut durchkochen lassen. 1 – 2 EL Kren aus dem Glas zugeben, mit Salz und Pfeffer abschmecken. Den Rest der Stelze klein schneiden und in der Suppe wärmen.

* Surstelze = gepökeltes Eisbein; Wurzelwerk = Suppengemüse; Kren = Meerrettich

ALS BEILAGE
Bohnensalat (Seite 319)
und würziges Bauernbrot

Steirisches Wurzelfleisch

ZUBEREITUNGSZEIT	ca. 2 Stunden
ZUTATEN	für 4 Personen
Schopfbraten* (ohne Knochen), Schulter* (mit Schwarte) oder Bauchfleisch*	1–1,2 kg
Wurzelwerk* (Karotte, gelbe Rübe, Sellerie, Lauch)	1 Bund, ca. 200 g
Zwiebel	1
Lorbeerblätter	3
Wacholderbeeren	5
schwarze Pfefferkörner	5
Kümmelsamen	1 TL
große Karotte	120 g
geputzter Lauch	150 g
Knollensellerie	¼ Knolle, ca. 150 g
Salz	
schwarzer Pfeffer aus der Mühle	
frisch geriebener Kren*	4 EL
fein gehackte Blattpetersilie oder Schnittlauchröllchen zum Bestreuen	1 EL

Das Fleisch etwa 1 Stunde vor der Zubereitung aus der Kühlung nehmen.

Das Wurzelwerk* putzen und in große Würfel schneiden, die Zwiebel schälen.

1 ½ l Wasser mit den Gemüsewürfeln, der ganzen Zwiebel, den Lorbeerblättern, den Wacholderbeeren sowie den Pfefferkörnern und dem Kümmel zum Kochen bringen.

Den Schopfbraten in die kochende Suppe geben und bei mittlerer Hitze etwa 90 Minuten kochen.

Den dabei aufsteigenden Schaum bei Bedarf immer wieder abschöpfen.

Die Karotte, den Lauch und den Sellerie putzen und in feine Streifen schneiden.

Das gekochte Fleisch aus der Suppe nehmen und warm stellen.

Die Suppe durch ein Spitzsieb absehen* und etwa 10 Minuten einkochen. Die Gemüsestreifen hinzufügen und etwa 10 Minuten in der heißen Suppe ziehen lassen. Die Suppe dann mit Salz und Pfeffer abschmecken.

Das gekochte Fleisch gegen die Faser in Scheiben schneiden, mit dem Gemüsesud anrichten und mit Kren* und Petersilie bestreuen.

* Schopfbraten = Schweinekamm, Schweinenackenbraten; Schulter = Bug; Bauchfleisch = Bauch, Wammerl; Wurzelwerk = Suppengrün; Kren = Meerrettich; absehen = abgießen, hier: filtern; Erdäpfel = Kartoffeln

ALS BEILAGE
Salzerdäpfel*

Lamm & Kitz

Geschmorte Kitzschulter

ZUBEREITUNGSZEIT	ca. 1 ¾ Stunden
MARINIERZEIT	6–8 Stunden
ZUTATEN	für 4 Personen
ganze Ziegenkitzschultern	2 Stück, ca. 600 g
Olivenöl extra vergine	9 EL
Fenchelsamen	1 TL
Korianderkörner	1 TL
schwarze Pfefferkörner	1 TL
kleine, getrocknete Chilischote	1
frisches Lorbeerblatt	1
Rosmarinzweig	1
geschälte, halbierte Knoblauchzehen	2
in Scheiben geschnittene unbehandelte Zitrone	1
Salz	
Butter	40 g
geschälte rote Zwiebeln	300 g
Rindsuppe (siehe Seite 121) oder Wasser zum Aufgießen	250 ml
grüner Spargel	300 g
geputzte Radieschen	100 g
Salz	

Das Fleisch 1 Stunde vor der Zubereitung aus der Kühlung nehmen.

1 EL Olivenöl in eine Pfanne geben. Die Fenchelsamen, die Korianderkörner, die Pfefferkörner und die Chilischote darin langsam erhitzen und kurz anbraten, dann in einen Mörser geben und grob zerstoßen.

Die Kitzschulter mit dieser Gewürzmischung bestreichen und mit dem Lorbeerblatt, dem Rosmarinzweig und den halbierten Knoblauchzehen in eine flache Schüssel geben.

Die Kitzschulter mit 6 EL Olivenöl übergießen und mit den Zitronenscheiben belegen, dann im bedeckten Geschirr 6–8 Stunden im Kühlschrank ziehen lassen.

Das Backrohr auf 140 °C vorheizen.

Die Kitzschulter aus der Marinade nehmen und salzen.

Die Butter in einem Bräter aufschäumen, etwas Marinade dazugeben und die Kitzschulter von allen Seiten anbraten.

Die roten Zwiebeln halbieren und kurz mitbraten.

Die restliche Marinade, die Kräuter sowie die Zitronenscheiben hinzufügen und alles im vorgeheizten Rohr etwa 1 ½ Stunden schmoren.

Nach etwa 40 Minuten Bratzeit mit der Hälfte der heißen Rindsuppe oder des Wassers aufgießen und die Kitzschulter immer wieder mit dem Bratensaft und der restlichen Flüssigkeit übergießen.

Den Spargel waschen, das untere Drittel schälen und mit den Radieschen kurz in 2 EL Olivenöl anbraten; salzen und 10 Minuten vor Ende der Bratzeit zur Kitzschulter geben. Die gare Kitzschulter etwa 10 Minuten zugedeckt ruhen lassen. Das Fleisch dann in Portionen teilen und mit den Zwiebeln und dem Spargel anrichten. Mit dem abgeschmeckten Bratensaft beträufeln und servieren.

ALS BEILAGE
Weißbrot oder Reis

Tipp: Dieses Rezept lässt sich auch hervorragend mit einem Kitzrücken oder einer Kitzkeule zubereiten.

LAMMFLEISCH

1 **Lammrücken:** ein wunderbarer saftiger Braten. Kann auch ausgelöst und gerollt werden – dann hüllt die Fettschicht das magere Fleisch besonders gut ein

2 **Lammstelze (unterstes bzw. hinterstes Teil der Lammkeule):** Teil des Lammschlögels, ein sehr saftiges Schmorstück

3 **Lammkrone (Kotelettstück, Rippenstück):** Die feine Karreerose mit Knochen – ideal zum Kurzbraten oder Grillen, entweder im Ganzen oder aufgeschnitten als Lammkoteletts

4 **Lammschlögel oder -keule:** klassisches schmackhaftes große Bratenstück

5 **Karreerose (Kotelettstück, Rippenstück):** der edelste Teil vom Lamm, eignet sich gut zum Kurzbraten

6 **Lammhüfte:** ausgelöster, zarter Teil der Keule – sanft geschmort ein feines »Edelragout«

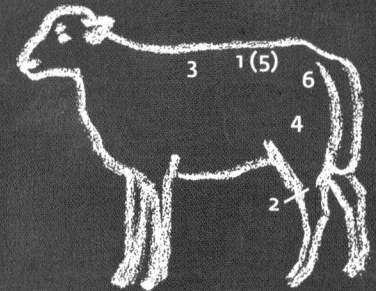

Marinierte Lammhüftsteaks

ZUBEREITUNGSZEIT	ca. 20 Minuten
ZUTATEN	für 4 Personen
Lammhüftsteaks	4 Steaks à 200 g
Salz	
schwarzer Pfeffer aus der Mühle	
Dijon-Senf	4 EL
getrocknete Kräuter der Provence	6 EL
Olivenöl	2 EL
Butter	40 g

Das Fleisch 30 Minuten vor der Zubereitung aus der Kühlung nehmen.

Die Hüftsteaks mit Salz und schwarzem Pfeffer einreiben und beidseitig mit dem Dijon-Senf bestreichen.

Die Kräuter der Provence auf einen Teller geben und die Steaks darin wenden.

Das Backrohr auf 100 °C vorheizen.

Das Olivenöl in einer ofenfesten Kasserolle oder Pfanne erhitzen und die Butter darin aufschäumen.

Die Steaks darin auf jeder Seite 2–3 Minuten braten und im vorgeheizten Backrohr 12–15 Minuten nachziehen lassen. So bleiben die Steaks saftig und zartrosa.

Die Steaks kurz ruhen lassen, dann in Scheiben schneiden und auf einem Gemüsebett anrichten.

* Erdäpfel = Kartoffeln; Fisolen = grüne Bohnen; Jungzwiebel = Frühlingszwiebel

ALS BEILAGE
Braterdäpfel* und in Olivenöl
geschwenktes Gemüse wie Fisolen*,
Karotten, Zucchini oder Jungzwiebel*

Gebratene Lammkeule
mit Zitrone

ZUBEREITUNGSZEIT	ca. 2 Stunden
MARINIERZEIT	ca. 1 Stunde
ZUTATEN	für 4–6 Personen
ausgelöste Lammkeule	1 Keule, ca. 1,2 kg

Für die Füllung

Zitrone zum Entsaften	1
Salz	
schwarzer Pfeffer aus der Mühle	
große, geschälte, in 2–3 mm feine Stifte geschnittene Knoblauchzehen	4
frischer Rosmarin	2 Zweige
in Scheiben geschnittene, unbehandelte Zitronen	2

Zum Braten

Olivenöl	3–4 EL
ganze, ungeschälte Knoblauchzehen	3–4
frischer Rosmarin	2–3 Zweige
Küchengarn	

Die Lammkeule zu einer Platte aufschneiden, diese beidseitig mit dem Saft der Zitrone einreiben, salzen und kräftig mit Pfeffer würzen.

Das Fleisch flach mit der Hautseite nach unten auf eine Arbeitsplatte legen. Die Knoblauchstifte, die 2 Rosmarinzweige sowie 4–5 Zitronenscheiben darüber verteilen und das Fleisch mit der Haut nach außen einrollen.

Den gerollten Braten mit 4–5 Zitronenscheiben belegen und mit Küchengarn vorsichtig zusammenbinden.

Das Fleisch in einen Bräter legen, mit dem Olivenöl übergießen, den Knoblauch, die restlichen Zitronenscheiben und 2–3 Rosmarinzweige zugeben und etwa 1 Stunde zugedeckt bei Zimmertemperatur ziehen lassen.

Das Backrohr auf 160 °C vorheizen.

Ein Bratenthermometer in die dickste Stelle des Rollbratens stecken und diesen im Rohr bei 160 °C ca. 80–90 Minuten auf eine Kerntemperatur von 75–80 °C braten.

Den Braten während dieser Zeit öfters mit Bratensaft übergießen.

Das Rohr am Ende der Bratzeit ausschalten, die Ofentür etwas öffnen und den Braten etwa 20 Minuten ruhen lassen.

Das Fleisch in Tranchen schneiden und mit etwas Bratensaft auf vorgewärmten Tellern anrichten. Nach Belieben nachsalzen.

* Fisolen = grüne Bohnen

ALS BEILAGE
Fisolen, Blattspinat oder*
in Olivenöl gebratene Babyartischocken

Gebratene Lammkeule

ZUBEREITUNGSZEIT	ca. 1 ½ Stunden
MARINIERZEIT	ca. 2 Tage
ZUTATEN	für 4 – 6 Personen
Lammkeule mit Knochen	1 Keule à 2 kg
Salz	
Für die Marinade	
kleine getrocknete rote Chilischote	1
Olivenöl extra vergine	125 ml
Salz	
grob geschroteter schwarzer Pfeffer	2 EL
ungeschälte Knoblauchzehen	6
glatte Petersilie	1 Bund
frischer Rosmarin	3 Zweige
Kalbsfond (siehe Seite 66) oder Rindsuppe (siehe Seite 121)	125 ml
trockener Weißwein	125 ml
Olivenöl	3 EL
Alufolie zum Einwickeln	

Die Lammkeule 1 Stunde vor dem Marinieren aus dem Kühlschrank nehmen. Die Lammkeule dann kräftig mit Salz einreiben und in ein genügend großes Gefäß geben.

Für die Marinade die Chilischote zerreiben. Die Krümel mit dem Olivenöl, wenig Salz und 2 EL Pfeffer vermengen.

Die Lammkeule mit den Kräutern und dem Knoblauch belegen, mit der Marinade übergießen und zugedeckt 2 – 3 Tage im Kühlschrank bei 2° – 6 °C marinieren.

Die Lammkeule etwa 1 Stunde vor der Zubereitung aus der Kühlung nehmen.

Das Backrohr auf 160 °C vorheizen.

Das Fleisch aus der Marinade nehmen, mit den Kräutern und dem Knoblauch auf ein Backblech legen und mit der verbliebenen Marinade übergießen.

Ein Bratenthermometer in die dickste Stelle der Keule stecken. Die Keule etwa 1 Stunde braten, bis sie eine Kerntemperatur von 70 °C erreicht.

Das Fleisch aus dem Rohr nehmen, in Alufolie wickeln und 30 Minuten ruhen lassen.

Den Bratrückstand mit der heißen Suppe oder dem Fond und dem Wein aufgießen. Das Backblech wieder in den Ofen schieben und die Sauce 4–5 Minuten kochen lassen, anschließend durch ein Sieb in einen Topf gießen, eventuell nachwürzen und 3 EL Olivenöl unterrühren.

Die Lammkeule aus der Alufolie nehmen, das Fleisch vom Knochen lösen, in Scheiben schneiden und mit der Sauce und den geschmolzenen Paradeisern* auf vorgewärmten Tellern anrichten.

Tipp: Lammkeule vom Fleischer vorbereiten lassen: die Knochen zum Teil vom Fleisch ablösen lassen. So lässt sich das Fleisch leichter tranchieren.

* Paradeiser = Tomaten

ALS BEILAGE
Geschmolzene Paradeiser (Seite 313)*

Lammgulasch
mit Fisolen

Lammgulasch mit grünen Bohnen

ZUBEREITUNGSZEIT	ca. 1 ½ Stunden
RUHEZEIT	ca. 20 Minuten
ZUTATEN	für 4 Personen
ausgelöste Lammschulter	800 g
grob geschroteter schwarzer Pfeffer	2 EL
Salz	
Sonnenblumenöl zum Anbraten	3 EL
große, in feine Würfel geschnittene Zwiebeln	2
gehackte Knoblauchzehen	2
Kümmelsamen	1 TL
getrockneter Thymian	1 TL
getrockneter Majoran	1 TL
edelsüßes Paprikapulver	3 EL
Paradeismark*	1 TL
Rindsuppe (siehe Seite 121)	750 ml
frisches Lorbeerblatt	1
unbehandelte Zitronenschale	1 daumengroßes Stück
ungekochte, geschälte und grob geraffelte* Erdäpfel*	250 g
Fisolen*	300 g
Salz	

Das Fleisch 30 Minuten vor der Zubereitung aus der Kühlung nehmen.

Das Fleisch in Würfel von ca. 2 cm Kantenlänge schneiden, mit dem Pfeffer bestreuen, salzen, alles gut vermengen und zugedeckt etwa 20 Minuten ziehen lassen.

Das Öl in einem großen, flachen Topf erhitzen und die Fleischwürfel darin bei starker Hitze von allen Seiten anbraten.

Die Zwiebelwürfel und den gehackten Knoblauch zugeben und 4–5 Minuten mitschwitzen. Dann den Kümmel, den Majoran und den Thymian zugeben und ebenfalls 1–2 Minuten mitbraten.

Das Paprikapulver und das Paradeismark* zugeben, alles gut vermengen und mit der Rindsuppe aufgießen, dann das Lorbeerblatt und die Zitronenschale hinzufügen. Das Gulasch bei mittlerer Hitze etwa 30 Minuten kochen.

Die Erdäpfel* in das Gulasch geben und weitere 20 Minuten kochen. Bei Bedarf etwas Flüssigkeit zugeben.

Die Fisolen* putzen, in etwa 3 cm lange Stücke schneiden und in kochendem Salzwasser etwa 3–4 Minuten blanchieren; abseihen*, kalt abschwemmen, in das Gulasch geben und etwa 10 Minuten ziehen lassen.

Das Gulasch eventuell etwas nachwürzen und auf vorgewärmten Tellern anrichten.

Tipp: Das Gulasch eignet sich gut zum Tiefkühlen und schmeckt nochmals aufgewärmt am besten!

* Paradeismark = Tomatenmark; geraffelt = gerieben, manchmal: gehobelt; Erdäpfel = Kartoffeln; Fisolen = grüne Bohnen; abseihen = abgießen

ALS BEILAGE
Würziges Schwarzbrot

Lammkrone
mit Kräuterkruste

ZUBEREITUNGSZEIT	ca. 1 ½ Stunden
MARINIERZEIT	ca. 2–3 Stunden
ZUTATEN	für 2 Personen
küchenfertige Lammkronen	2 Kronen à 300 g
Salz	
schwarzer Pfeffer aus der Mühle	
Olivenöl zum Anbraten	1 EL
Butter zum Anbraten	20 g
Für die Marinade	
zerdrückte Knoblauchzehe	1
Dijon-Senf	2 EL
Olivenöl extra vergine	4 EL
Für die Kräuterkruste	
entrindetes und in Würfel geschnittenes Toastbrot	60 g
weiche Butter	60 g
frisch geriebener Parmesan	2 EL
fein gehackte Petersilie	1 EL
fein gehackte Rosmarinnadeln	1 EL
Thymianblättchen	1 EL
Salz	
schwarzer Pfeffer aus der Mühle	

Das Fleisch 30 Minuten vor dem Marinieren aus der Kühlung nehmen.

Die Lammkronen mit Salz und Pfeffer einreiben.

Für die Marinade den Knoblauch, den Senf und das Öl vermischen, das Fleisch damit bestreichen und 2–3 Stunden zugedeckt im Kühlschrank ziehen lassen.

Das Fleisch etwa 30 Minuten vor dem Braten aus der Kühlung nehmen.

Für die Kruste die Toastbrotwürfel mit der weichen Butter, den Kräutern sowie dem Parmesan im Mixaufsatz der Küchenmaschine zu feinen Kräuterbröseln verarbeiten. Die Brösel mit etwas Salz und Pfeffer abschmecken.

Das Backrohr auf 100 °C vorheizen.

Das Öl in einer Pfanne erhitzen, die Butter darin aufschäumen und die Lammkronen von allen Seiten anbraten; anschließend im Backrohr etwa 20 Minuten weitergaren.

Die Ofentemperatur auf 200 °C Oberhitze erhöhen.

Die Lammkronen großzügig mit den Kräuterbröseln bestreuen und 6–7 Minuten überbacken.

Das Fleisch aus dem Rohr nehmen und 10 Minuten ruhen lassen, anschließend in die einzelnen Koteletts schneiden und auf vorgewärmten Tellern anrichten.

* Erdäpfel = Kartoffeln; Fisolen = grüne Bohnen; Eierschwammerl = Pfifferlinge

ALS BEILAGE
Braterdäpfel* oder in Butter gebratenes
Sommergemüse wie Zucchini oder Fisolen*
sowie geröstete Eierschwammerl*

Geschmorte Lammstelzen
Geschmorte Lammkeule

ZUBEREITUNGSZEIT	ca. 2 ½ Stunden
ZUTATEN	für 4 Personen
Lammstelzen*	4 Stelzen à 400 g
Salz	
schwarzer Pfeffer aus der Mühle	
Olivenöl	5 EL
kleine, fein gehackte Zwiebel	1
in kleine Würfel geschnittenes Wurzelwerk*	200 g
Paradeismark*	1 EL
trockener Rotwein	250 ml
Rinderfond oder Rindsuppe (siehe Seite 121)	125 ml
Korianderkörner	10
rote Chilischote	1
geschälte Knoblauchzehen	4
Gewürznelken	4
frischer Rosmarin	2 Zweige
flüssiger Honig	1 EL

Das Fleisch 1 Stunde vor der Zubereitung aus der Kühlung nehmen.

Die Stelzen* kräftig mit Salz und Pfeffer einreiben.

Das Backrohr auf 160 °C vorheizen.

Das Olivenöl in einem Topf erhitzen und die Lammstelzen* darin von allen Seiten scharf anbraten. Die angebratenen Stelzen aus der Kasserolle nehmen und bis zum Weiterverarbeiten beiseitestellen.

Die gehackte Zwiebel und die Gemüsewürfel in dem Bratrückstand 2–3 Minuten anbraten, dann das Paradeismark* hinzufügen, kurz mitbraten und mit dem Rotwein, dem Fond oder der Suppe aufgießen. Die Gewürze und den Rosmarin hinzufügen.

Die angebratenen Stelzen in die Sauce legen und im Rohr bei 160 °C zugedeckt etwa 2 Stunden schmoren.

Das fertige Fleisch aus dem Schmorfond nehmen und warm stellen. Die Chilischote, die Gewürznelken und die Rosmarinzweige aus der Sauce nehmen. Die Sauce mit dem Stabmixer fein pürieren und 5–6 Minuten zu einer sämigen Sauce einkochen. Die Sauce mit Salz und Pfeffer und eventuell etwas Honig abschmecken.

Die Stelzen wieder in die Sauce legen und vor dem Servieren kurz darin ziehen lassen.

* Lammstelze = Lammkeule (hier genauer: der untere Teil der Lammkeule); Wurzelwerk = Suppengrün; Paradeismark = Tomatenmark; Stelzen = Keulen; Erdäpfel = Kartoffeln

ALS BEILAGE
*Rosmarin- oder Lorbeererdäpfel**
(Seite 309) oder frisches Ciabattabrot

Die neue Wiener Küche

Böse Zungen behaupten ja, dass in Wien manche Trends deswegen nicht stattfinden, weil sie schon wieder vorbei sind, bevor sie so richtig wahrgenommen werden. Dazu kann man aus kulinarischer Sicht eigentlich nur sagen: Und das ist gut so.

So mischt sich der Stolz einer jahrhundertealten Küche internationaler Einflüsse heute mit ein paar neuen Zutaten und bleibt dennoch eine wunderbare Regionalküche, die sich ihrer besten Produkte immer wieder aufs Neue besinnt. Und das nicht erst seit der große Wolfram Siebeck Mitte der Neunzigerjahre seinen viel beachteten Lokalführer über Wiener Beisln herausbrachte. Oder wie er es selbst in einer seiner Kolumnen über die Neue Wiener Küche sagte: »Wo sonst spielt das gute Essen eine so große Rolle, ohne in jene Raserei zu verfallen, an deren Ende es nur Sieg oder Niederlage gibt? Wien lässt uns das alles beobachten, probieren und genießen.«

Bild links: Sissi Radatz – gemeinsam mit Bruder Franz heute in zweiter Generation für den nicht nur größten, sondern auch beliebtesten Wiener Fleischhauerbetrieb verantwortlich – im Restaurant »Una«. Patronin Una Abraham pflegt seit Jahren eine konsequent unaufgeregte und höchst qualitätvolle Wiener Küche neuen Zuschnitts.

Lammfilet
mit gebratenen Zwiebeln

ZUBEREITUNGSZEIT	ca. 30 Minuten
RUHEZEIT	30 Minuten
ZUTATEN	für 4 Personen
Lammfilets	4 Filets à 120 g
Salz	
schwarzer Pfeffer aus der Mühle	
frisch gemahlener Koriander	
Olivenöl	4 EL
Für die Sauce	
Butter	40 g
grob gehackte Zwiebeln	160 g
oder grob gehackte Schalotten	8–10
gehackte Knoblauchzehen	4
Pinienkerne	3 EL
halbierte Kirschparadeiser*	ca. 300 g
Aceto balsamico	4 EL
Rindsuppe (siehe Seite 121)	125 ml
Salz	
schwarzer Pfeffer aus der Mühle	
gehackte Blattpetersilie	1 EL

Das Fleisch 30 Minuten vor der Zubereitung aus der Kühlung nehmen.

Die Lammfilets mit Salz, Pfeffer und Koriander würzen.

Das Olivenöl in einer Pfanne erhitzen und die Lammfilets darin von beiden Seiten etwa 30 Sekunden scharf anbraten. Die Lammfilets bei mittlerer Hitze so lange braten, bis sich nach etwa 1–2 Minuten kleine »Fleischsafttropfen« auf der Oberfläche des Fleisches bilden. Dann die Filets wenden und auf der zweiten Seite ebenso lang braten. Die Filets aus der Pfanne nehmen und warm stellen, am besten im Backrohr bei 60 °C.

Für die Sauce die Butter zu dem Bratenrückstand geben, die Zwiebeln und den Knoblauch darin anschwitzen, dann die Pinienkerne hinzufügen. Die halbierten Kirschparadeiser ebenfalls zugeben, kurz mitbraten und mit dem Aceto balsamico ablöschen. Alles mit der Suppe aufgießen, 1–2 Minuten kochen, dann mit Salz und Pfeffer würzen, die Pfanne vom Herd nehmen und die frisch gehackte Petersilie zugeben.

Die Lammfilets in Scheiben schneiden und mit der Sauce auf vorgewärmten Tellern anrichten.

Variante: Statt der Lammfilets eignen sich auch kleine Lammkoteletts.

* Paradeiser = Tomaten

Geflügel

GEFLÜGEL UND GEFLÜGELTEILE

1 **Gänsebrust:** die Brust ist das zarteste Stück der
Gans – am schmackhaftesten zartrosa gebraten

2 **Gänsekeule:** die Keule ist die herzhaftere Variante,
eignet sich sehr gut zum Braten

3 **Truthahnsteak** (Scheibe von der Truthahnbrust)

4 **Gerollte Truthahnkeule:** durch das Auslösen des Knochens und das Binden erhält man eine regelmäßige
Form. Dadurch wird das Stück gleichmäßig gar, ein
ideales Gericht für 2 bis 3 Personen

5 **Gans im Ganzen:** (ca. 4–5 kg), für 3 bis 4 Personen

6 **Truthahn im Ganzen:** (ca. 4 kg), für 6 bis 8 Personen;
der klassische Festtagsbraten, unterschiedliche Fül-
lungen ergeben feine Varianten

7 **Ente im Ganzen:** (2–3 kg), für 2 bis 3 Personen

8 **Huhn im Ganzen** (1,2–1,5 kg), für 2 Personen gefüllt,
gebraten, gekocht; wohl eines der beliebtesten und
vielfältigsten Geflügel. Übrigens: noch im 18. Jahrhundert eine Spezialität, die ausschließlich dem Hochadel
vorbehalten war

9 **Entenkeule:** zarter und etwas kleiner als von der Gans

10 **Entenbrust:** ein edles Bratstück – am besten schröpfen und zartrosa auf der Hautseite braten

11 **Hühnerkeule:** feines Brat- und Schmorstück; wenn
das »Haxerl« paniert und gebacken wird, die Haut
abziehen und Fleisch einmal bis zum Knochen einschneiden, dann wird das Stück schneller gar

12 **Hühnerbrust:** ob als Schnitzel oder kurz gebraten –
ein Klassiker

Brathendl

ZUBEREITUNGSZEIT	1 ½–2 Stunden
ZUTATEN	für 2 Personen
küchenfertiges Hendl	1 Hendl à 1,3 kg
gesalzene Butter	60 g
Zitrone	¼
Salz	
edelsüßes Paprikapulver	½ TL
Küchengarn	

Die Butter in ca. ½ cm dicke Scheiben schneiden und 10 Minuten tiefkühlen. Die Haut des Hendls vom Hals her von der Brust vorsichtig mit den Fingern etwas ablösen und die kalten Butterscheiben zwischen die Haut und das Fleisch schieben.

Das Backrohr auf 140 °C vorheizen.

Das Hendl innen mit dem frisch gepressten Zitronensaft beträufeln. Die Haut außen mit etwas Salz und dem Paprikapulver einreiben. Die Hendlhaxerl* mit Küchengarn über der Brust zusammenbinden. Das Hendl auf einen Bratrost legen und ein Bratenthermometer zwischen Brust und Keule stecken. Um abtropfendes Fett aufzufangen, eine Fettpfanne unter den Rost schieben.

Das Hendl im Rohr bei 140 °C etwa 1–1 ½ Stunde braten. Die Kerntemperatur des Fleischs sollte etwa 78 °C erreichen. Die Haut kann durch wenige Minuten zusätzliche Oberhitze nachgebräunt werden. Dann das Hendl im abgeschalteten Ofen bei offener Ofentüre 10 Minuten ruhen lassen. Das Küchengarn entfernen, das Hendl portionieren und auf vorgewärmten Tellern anrichten.

Tipp: Den Bratrückstand mit wenig Wasser aufgießen, etwas einkochen, 1 EL kalte Butter einrühren, abschmecken und den Bratensaft zum Hendl servieren.

Variante: Das Rückgrat des Hendls mit einem scharfen Messer auslösen, das Hendl flach mit der Brust nach oben auf ein Backblech legen, die Haut von der Brust lösen, kalte Butter zwischen Haut und Fleisch schieben, würzen und das Hendl bei 140°C etwa 40 Minuten braten. Dann bei Oberhitze oder unter dem Backofengrill bräunen.

Tipp: Das Hendl wird durch unter der Haut mitgebratene Petersilien-, Salbei -oder Basilikumblätter besonders fein.

ALS BEILAGE
Reis, grüner Salat

* Haxerl = Keule

Gebratene Weidegans

ZUBEREITUNGSZEIT	ca. 4 Stunden
ZUTATEN	für 3–4 Personen
Weidegans	1 Gans à 4 kg
Salz	
schwarzer Pfeffer aus der Mühle	
getrockneter Majoran	1 EL
ungeschälte, halbierte	4
säuerliche Äpfel	
Für die Glasur	
Butter	80 g
flüssiger Honig	80 g
Sojasauce	6 EL
Rindsuppe (siehe Seite 121)	250 ml
frisch gepresster Orangensaft	1 Spritzer
zum Abschmecken	

Die Gans waschen, trocken tupfen und innen und außen kräftig mit Salz, Pfeffer und Majoran einreiben.

Das Backrohr auf 160 °C vorheizen.

Die Gans mit den Apfelhälften füllen und etwa 1 Stunde ruhen lassen. Die Gans dann mit der Brust nach oben auf einen Gitterrost legen und über eine tiefe Fettpfanne in das Backrohr schieben. Die Gans etwa 3 Stunden (ca. 45 Minuten pro kg Rohgewicht) braten.

Für die Glasur die Butter in einem kleinen Topf zerlassen, den Honig und die Sojasauce zugeben und bei geringer Hitze 5 – 6 Minuten einkochen.

Am Ende der Bratzeit die Ofentemperatur auf 220 °C erhöhen und die Gans etwa 15 Minuten lang immer wieder mit der Glasur bestreichen, bis die Haut knusprig ist. Danach das Backrohr ausschalten und die Gans darin noch mindestens 30 Minuten ruhen lassen.

Den beim Braten entstandenen Saft aus der Fettpfanne in einen ausreichend großen Kochtopf gießen. Das Fett abschöpfen. Den Bratrückstand mit der Suppe aufgießen und auf die Hälfte einkochen. Eventuell übrig gebliebene Glasur zum Schluss dazugeben und alles mit einem Spritzer Orangensaft abschmecken.

Die Gans unmittelbar vor dem Servieren kurz übergrillen, damit die Haut knusprig ist. Von der Gans zuerst die Keulen und Flügel abtrennen und diese jeweils am Gelenk teilen. Dann das Fleisch links und rechts am Brustbein entlang einschneiden, die beiden Bruststücke ablösen und in Tranchen schneiden. Die Gansstücke mit den Apfelstücken anrichten und mit dem Bratensaft übergießen.

Tipp: Die Fleischteile bis zum Anrichten im Backrohr bei 60 °C warm halten. Als Füllung eignen sich auch geschälte Quitten und gekochte Maroni* aus dem Glas.

ALS BEILAGE
Rotkraut* und Erdäpfelknödel* (Seite 301)

* Rotkraut = Rotkohl, Blaukraut; Erdäpfelknödel = Kartoffelklöße ; Maroni = Esskastanien

Gefüllter Truthahn

ZUBEREITUNGSZEIT	ca. 4 Stunden
ZUTATEN	für 6–8 Personen
bratfertiger Truthahn (Pute)	1 Pute à 4 kg
Salz	
Für die Füllung	
entrindetes und in große Würfel geschnittenes frisches Weißbrot	400 g
Milch	125 ml
weiche Butter	100 g
zimmerwarme Eigelb	5
Butter zum Anbraten	1 EL
fein gehackte kleine Zwiebel	1
in kleine Würfel geschnittener Frühstücksspeck	100 g
vorgegarte Maroni* aus dem Glas (oder gebratene Maroni)	100 g
Eiweiß	5
Salz	
schwarzer Pfeffer aus der Mühle	
getrockneter Thymian	1 TL
frisch gemahlene Muskatnuss	
frische Cranberries oder	8 EL
getrocknete Cranberries	4 EL
fein gehackte Blattpetersilie	3 EL
Küchenkrepp	
Küchengarn	

Den Truthahn aus dem Kühlschrank nehmen und die Füllung zubereiten:

Die Weißbrotwürfel in eine Schüssel geben und mit der kalten Milch übergießen. Die Mischung mit den Händen locker durchmengen und etwa 10 Minuten ziehen lassen. Die Butter und die Eigelb in eine Schüssel geben und mit dem Handrührgerät schaumig rühren, bis die Mischung von heller, dickcremiger Konsistenz ist.

1 EL Butter in einer Pfanne zerlassen. Die fein gehackte Zwiebel und die Speckwürfel darin bei geringer Hitze etwa 2–3 Minuten anbraten.

Die Weißbrotmasse und die Butter-Eigelb-Mischung miteinander vermengen, die Zwiebel-Speck-Mischung zugeben und alles locker mit einem Kochlöffel vermengen.

Das Eiweiß mit 1 Prise Salz zu steifem Schnee schlagen und vorsichtig unter die Füllung heben.

Mit Salz, frisch gemahlenem Pfeffer, Thymian und einer Prise Muskatnuss abschmecken sowie Cranberries und die gehackte Petersilie unterheben.

Das Backrohr auf 160 °C vorheizen.

Den Truthahn mit kaltem Wasser waschen und mit Küchenkrepp trocken tupfen. Innen gut salzen und mit ca. ⅔ der Füllung locker füllen. Dabei die Füllung nicht fest drücken, sonst fällt der Eischnee zusammen.

Die restliche Füllung beiseite stellen (siehe Tipp). Den Truthahn mit der Brust nach oben in ein tiefes Backblech setzen. Die Haxerln* über der Brust mit Küchengarn fest zusammenbinden. Die Haut links und rechts der Öffnung mit 5 Zahnstochern zusammenstecken und mit Küchengarn kreuzweise zubinden (so wie man einen Schuh bindet).

Zum Bestreichen des Truthahns	
Butter	150 g
Salz	½ TL
edelsüßes Paprikapulver	1 gestrichener TL
Rindsuppe (siehe Seite 121) zum Aufgießen	125 ml

Die Butter in einer kleinen Kasserolle langsam zerlassen und mit Salz und Paprika würzen. Die flüssige Butter mit einem Pinsel gründlich auf die Haut des Truhahns streichen. Den Truthahn dann in das vorgeheizte Backrohr schieben und pro kg Rohgewicht des Truthahns ca. 45 Minuten braten. Während des Bratens immer wieder mit der restlichen flüssigen Butter bestreichen. Nach 30 Minuten Bratzeit mit der Suppe aufgießen.

Der Truthahn ist fertig, wenn am Gelenk der Keule beim Anstechen klarer Saft austritt und das Fleisch eine Kerntemperatur (in der Mitte der Füllung) von 78°C erreicht hat.

Den garen Truthahn im ausgeschalteten Backrohr etwa 20 Minuten ruhen lassen, dann auf ein Schneidbrett mit tiefer Saftrille setzen, das Küchengarn entfernen und mit einem scharfen Messer erst die Flügerl*, dann die Haxerl* abtrennen und am Gelenk teilen.

Das Brustfleisch entlang des Brustbeins ablösen und in Scheiben schneiden. Mit einer Geflügelschere die Karkasse aufschneiden, die Füllung herauslösen und in Scheiben schneiden.

Das Truthahnfleisch mit der Füllung und dem abgeschmeckten Bratensaft auf einer Servierplatte anrichten und servieren.

Tipp: Ein Stück Alufolie mit reichlich zerlassener Butter bestreichen, die beiseitegestellte Füllung zu einem Laib formen, in die Folie wickeln und diese an den Enden zusammendrehen. Den Laib 20 Minuten vor dem Ende der Bratzeit in das Rohr geben und mitbraten.

* Maroni = Esskastanie; Haxerl = Keulen; Flügerl = Flügel

Truthahnbraten
mit Maroni
Truthahnbraten mit Esskastanien

ZUBEREITUNGSZEIT	ca. 3 ½ Stunden
ZUTATEN	für 4 Personen
Truthahnrollbraten (gerollte ausgelöste Truthahnkeule, vom Metzger gebunden)	1 kg
getrockneter Thymian	3 TL
Salz	
schwarzer Pfeffer aus der Mühle	
Butter	40 g
Sonnenblumen- oder Maiskeimöl	4 EL
in kleine Würfel geschnittener Frühstücksspeck	60 g
vorgegarte Maroni* (aus der Dose oder dem Glas)	300 g
glattes Weizenmehl	1 EL
Rindsuppe (siehe Seite 121)	250 ml

Das Truthahnfleisch aus dem Kühlschrank nehmen, mit 2 TL Thymian einreiben, salzen und pfeffern, in einen Bräter legen und zugedeckt bei Zimmertemperatur etwa 3 Stunden ruhen lassen.

Das Backrohr auf 160 °C vorheizen.

Die Butter in einem kleinen Topf zerlassen und über das Truthahnfleisch gießen.

Ein Bratenthermometer in die dickste Stelle des Fleisches stecken und 1–1 ½ Stunden auf eine Kerntemperatur von 78 °C braten.

2 EL Öl in einer Pfanne erhitzen und den Speck darin anbraten. Die gut abgetropften Maroni* hinzugeben und kurz mitbraten. Diese Mischung zu dem Truthahnbraten in den Bräter geben.

Den Bratrückstand mit dem Mehl bestäuben und kurz anbraten. Bei Bedarf das restliche Öl (2 EL) zugeben.

Die Mehlschwitze mit der Rindsuppe aufgießen, den restlichen Thymian zugeben und 2 Minuten kochen. Mit Salz und Pfeffer abschmecken. Diese Sauce über den Truthahnbraten gießen und den Braten weitere 15 Minuten im Rohr ruhen lassen.

Das Fleisch aus dem Bräter nehmen, das Küchengarn entfernen, das Fleisch in Scheiben schneiden und warm stellen.

Die Sauce mit den Maroni bei Bedarf erneut erhitzen.

Die Bratenscheiben mit der Maroni-Speck-Sauce anrichten.

Tipp: Statt mit der gerollten Truthahnkeule können Sie diesen Braten auch mit der etwas magereren, gerollten Truthahnbrust zubereiten.

* Maroni = Esskastanie

ALS BEILAGE
Serviettenknödel (Seite 302)

Gebratene Wachteln
mit Muskatellertrauben

ZUBEREITUNGSZEIT	ca. 1 Stunde
RASTZEIT	20 Minuten
ZUTATEN	für 4 Personen
Wachteln	8 Stück à 150 g
Salz	
schwarzer Pfeffer aus der Mühle	
Frühstücksspeck	8 Scheiben
frischer Rosmarin	8 Zweige
flüssige Butter zum Bestreichen	20 g
Butter zum Anbraten	50 g
in kleine Würfel geschnittene Zwiebel	80 g
halbierte und entkernte süße Trauben (z. B. Muskatellertrauben)	500 g
Muskatellerweißwein	250 ml
Hühnersuppe (siehe Seite 241)	125 ml
flüssiger Honig oder Traubengelee	1 EL
Küchenkrepp	
Küchengarn	

Das Backrohr auf 150 °C vorheizen.

Die Wachteln gründlich waschen und mit Küchenkrepp trocken tupfen. Innen und außen mit Salz und Pfeffer einreiben.

Je 1 Speckscheibe um jede Wachtelbrust wickeln. Die Rosmarinzweige halbieren und jeweils ein Stück in das Innere der Wachteln stecken.

Die Haxerl* über der Wachtel mit Küchengarn zusammenbinden und die restlichen Rosmarinzweige dazwischenstecken. Die Wachteln bei Zimmertemperatur ca. 20 Minuten ruhen lassen.

Die Wachteln in einen Bräter setzen und mit der flüssigen Butter bestreichen. Die Wachteln im Rohr bei 150 °C etwa 35 Minuten braten, dann die Temparatur auf 130 °C reduzieren und die Wachteln ca. 10 Minuten weiterbraten.

Die restliche Butter (50 g) in einer Pfanne zerlassen und die Zwiebelwürfel darin glasig anschwitzen. Die Trauben hineingeben, kurz mitschwitzen, dann mit dem Wein ablöschen. Diesen Saucenansatz etwa 2–3 Minuten köcheln lassen, dann mit der Suppe aufgießen, den Honig oder das Traubengelee zugeben und mit Salz und Pfeffer abschmecken.

Die garen Wachteln aus dem Rohr nehmen und kurz ruhen lassen.

Den entstandenen Bratensaft zu den Muskatellertrauben geben und gut verrühren.

Die Wachteln mit den Trauben auf vorgewärmten Tellern anrichten.

* Haxerl = Keule; Erdäpfelpüree = Kartoffelpüree, Kartoffelbrei

ALS BEILAGE
Erdäpfelpüree (Seite 312)*

Hendlgeschnetzeltes
mit Gemüse
Hühnergeschnetzeltes mit Gemüse

ZUBEREITUNGSZEIT	ca. 15 Minuten
MARINIERDAUER	ca. 20 Minuten
ZUTATEN	für 2 Personen
Hendl-* oder Truthahnbrust	400 g
Sonnenblumen- oder	2 EL
Maiskeimöl zum Braten	
Für die Marinade	
Sojasauce	1 EL
edelsüßes Paprikapulver	½ TL
flüssiger Honig	1 TL
in feine Scheiben geschnittene Knoblauchzehe	1
schwarzer Pfeffer aus der Mühle	
Sonnenblumenöl	2 EL
Für das Gemüse	
geputzte Zucchini	80 g
geputzte rote Paprikaschote	1
geputzte Fenchelknolle	½ (ca. 80 g)
Butter zum Braten	20 g
Salz	
Hühnersuppe (siehe Seite 241)	125 ml
Crème fraîche	2 EL
fein gehackte glatte Petersilie	2 EL

Das Fleisch in etwa 1 cm dicke Streifen schneiden.

Alle Zutaten für die Marinade miteinander verrühren, über die Fleischstreifen geben, gut vermengen und bei Zimmertemperatur zugedeckt etwa 20 Minuten ziehen lassen.

Das Gemüse in nicht zu dünne, gleichmäßige Streifen schneiden.

Das Sonnenblumen- oder Maiskeimöl in einer Pfanne erhitzen, das marinierte Fleisch bei mittlerer Hitze von jeder Seite etwa 1 Minute anbraten, dann aus der Pfanne nehmen und warm stellen.

Die Butter in dem Bratrückstand aufschäumen, das Gemüse in die Pfanne geben und bei gleichbleibender Hitze 3–4 Minuten braten, dann leicht salzen.

Das Fleisch zu dem Gemüse geben, alles gut vermengen, mit der Suppe aufgießen und aufkochen.

Die Temperatur reduzieren und die Crème fraîche unterrühren.

Das Geschnetzelte bei geringer Hitze noch 2–3 Minuten ziehen lassen, bei Bedarf nochmals nachwürzen und zum Schluss die Petersilie untermengen.

* Hendl = Huhn

ALS BEILAGE
Reis oder frische Backwaren

Truthahnschnitzel
mit Zitronensauce

ZUBEREITUNGSZEIT	ca. 15 Minuten
ZUTATEN	für 4 Personen
Truthahnschnitzel	4 Schnitzel à 180 g
Salz	
schwarzer Pfeffer aus der Mühle	
Weizenmehl zum Wenden	
Butter	30 g
Sonnenblumen- oder Maiskeimöl	1 EL
trockener Wermut	60 ml
Hühnersuppe (siehe Seite 241)	250 ml
Schlagobers*	125 ml
unbehandelte Zitrone	½
Salz	
schwarzer Pfeffer aus der Mühle	
unbehandelte Zitrone	1
zum Garnieren	

Die Truthahnschnitzel etwa 30 Minuten vor der Zubereitung aus der Kühlung nehmen.

Die Truthahnschnitzel beidseitig mit Salz und Pfeffer würzen und auf einer Seite mehlieren.

Die Butter in einer großen Pfanne aufschäumen, das Öl zugeben und die Schnitzel auf der bemehlten Seite 1 Minute anbraten, wenden und 1 weitere Minute anbraten, dann aus der Pfanne nehmen.

Den Bratensatz mit dem Wermut ablöschen und zur Hälfte einkochen.

Den Fond mit der Suppe und dem Schlagobers* auffüllen und aufkochen.

Die fein geriebene Zitronenschale zugeben, die Sauce dann mit Salz und Pfeffer abschmecken.

Die Schnitzel in die Sauce einlegen und bei geringer Hitze 5 – 6 Minuten ziehen lassen.

Die Truthahnschnitzel mit der Zitronensauce auf vorgewärmten Tellern anrichten und mit der zu feinen Zesten gerissenen Schale der Zitrone garnieren.

Beilagenrezept
1 Stange Lauch längs halbieren, putzen und in etwa 8 cm lange Stücke schneiden. Diese in etwas Butter anbraten, salzen, etwas Suppe zugeben und im eigenen Saft weich schmurgeln*.

* Schlagobers = Sahne; schmurgeln = eigentlich braten, grillen, hier: dünsten

ALS BEILAGE
Reis und gedünsteter Lauch

Jiddische Hendlleber

Jiddische Hühnerleber

ZUBEREITUNGSZEIT	ca. 30 Minuten
KÜHLZEIT	4–5 Stunden
ZUTATEN	für 4 Personen
Butter oder Gänseschmalz	1 EL
kleine, fein gehackte Zwiebel	1
Hendlleber*	300 g
fein gehackte Knoblauchzehen	2
hart gekochte Eier	3
sehr weiche Butter	60 g
gemahlener Piment (Nelkenpfeffer)	1 Msp.
Salz	
schwarzer Pfeffer aus der Mühle	

Die Butter oder das Schmalz in einer Pfanne zerlassen und die fein gehackte Zwiebel bei mittlerer Hitze darin anschwitzen.

Die Hühnerleber waschen, trocken tupfen, in kleine Stücke schneiden, mit dem Knoblauch zu den Zwiebeln geben und 4–5 Minuten mitbraten. Die Pfanne vom Herd nehmen und die Mischung abkühlen lassen.

Die Eier grob hacken, mit der weichen Butter unter die Lebermischung mengen, alles mit dem Piment, Salz und Pfeffer würzen und mit dem Stabmixer oder im Mixaufsatz der Küchenmaschine fein pürieren. Bei Bedarf nochmals nachwürzen.

Die Lebercreme in ein gut verschließbares Gefäß füllen und 4–5 Stunden – am besten über Nacht – kalt stellen.

Die jiddische Leber mit frischem Weißbrot servieren.

Tipp: Die Oberfläche der in das Gefäß gefüllten Leber mit zerlassener Butter oder Gänseschmalz übergießen und »versiegeln«.

* Hendlleber = Hühnerleber

ALS BEILAGE
Frisches Weißbrot

Paprikahendl
Paprikahuhn

ZUBEREITUNGSZEIT	ca. 1 ¼ Stunden	
ZUTATEN	für 4–6 Personen	
küchenfertige Hendl*	2 Hendl à 1,3 kg	
oder 4 Hendlhaxerl* und	4 Haxerl à 180 g	
doppelte Hendlbrüste und	2 Brüste à 350 g	
Hendlflügerl*	4	
Salz		
Butter	40 g	
in kleine Würfel	200 g	
geschnittene Zwiebeln		
Paradeisermark*	1 EL	
edelsüßes Paprikapulver	2 EL	
Hühner- (siehe Seite 241) oder	750 ml	
Rindsuppe (siehe Seite 121)		
unbehandelte Zitronenschale	1 Stück, ca. 2 cm	
Gewürznelke	1	
schwarzer Pfeffer aus der Mühle		
Weizenmehl	30 g	
flüssiger Schlagobers*	125 ml	
Küchenkrepp		

Das Hendl* waschen, trocken tupfen, halbieren, das Rückgrat herausschneiden, jede Hendlhälfte in jeweils 4 Teile zerteilen und die Haut abziehen, dann salzen.

Oder die Haxerl* am Gelenk teilen und die Bruststücke in 4 gleich große Stücke schneiden.

Die Hendlhaut in Streifen schneiden.

Die Butter in einem Topf zerlassen und die Hühnerhaut darin bei mittlerer Hitze etwa 8–10 Minuten knusprig anbraten. Diese Hendlgrammeln* aus dem Topf nehmen, auf Küchenkrepp gründlich abtropfen lassen und bis zum Weiterverarbeiten beiseitestellen.

Die Zwiebelwürfel in dem Bratrückstand glasig schwitzen, dann das Paradeisermark* und das Paprikapulver zugeben, kurz mitbraten und mit der Suppe aufgießen.

Die Zitronenschale und die Gewürznelke zugeben, alle Hendlteile in den Saucenansatz legen und bei mittlerer Hitze etwa 30 Minuten zugedeckt dünsten. Kocht man im Saucenansatz das Rückgrat mit, wird die Sauce intensiver. Die Hendlstücke wieder aus der Sauce nehmen.

Das Mehl mit 125 ml kaltem Wasser glatt rühren. Den Topf vom Herd nehmen und das angerührte Mehl zügig in die Sauce rühren. Den Topf wieder auf den Herd stellen und die Sauce 5 – 8 Minuten köcheln lassen. Anschließend durch ein Sieb passieren.

Den Schlagobers* zugeben, die Sauce abschmecken, die Hendlteile erneut einlegen und bei geringer Hitze 10 Minuten ziehen lassen. Die fertigen Hendlteile mit der Sauce anrichten.

Tipp: Eventuell mit etwas Sauerrahm und den »Hendlgrammeln« garnieren.

* Hendl = Huhn; Hendlhaxerl = Hühnerkeule; Hendlflügerl = Hühnerflügel; Paradeisermark = Tomatenmark; Schlagobers = Schlagsahne; Hendlgrammeln = Grieben aus der Hühnerhaut; Nockerl = Klößchen

ALS BEILAGE
Nockerl (Seite 304)*

Gebratene Entenbrust
mit Quitten-Birnen

ZUBEREITUNGSZEIT	ca. 45 Minuten
ZUTATEN	für 4 Personen
ausgelöste Entenbrust	3–4 Stück à 350 g
Salz	
schwarzer Pfeffer aus der Mühle	
frischer Rosmarin	1 Zweig
Für die Glasur	
flüssiger Blütenhonig	4 EL
Salz	
gemörserte frische rote Chilischote	1 TL
oder Chilipaste	
Für die Quitten-Birnen	
kleine aromatische Birnen	4 Stück, 500 g
Quitten- oder Williamsbrand	60 ml
frischer Rosmarin	1 Zweig
naturtrüber Apfelsaft	250 ml
Kalbsfond (siehe Seite 66)	125 ml
Quittenmark oder Quittengelee	3 EL
Salz	
schwarzer Pfeffer aus der Mühle	
Küchenkrepp	

ALS BEILAGE
Schupfnudeln (Seite 301)

Die Entenbrüste etwa 30 Minuten vor der Zubereitung aus der Kühlung nehmen.

Das Backrohr auf 100 °C vorheizen.

Die Entenbrüste beidseitig mit Salz und Pfeffer würzen und mit der Hautseite nach unten in eine kalte Bratpfanne legen. Den Rosmarinzweig dazugeben und die Entenbrustfilets auf dem Herd nur auf der Hautseite bei geringer Hitze 6–8 Minuten knusprig braten.

Das dabei austretende Fett immer wieder abgießen und zur Weiterverarbeitung beiseitestellen.

Für die Glasur den Honig mit der Chili und etwas Salz glatt rühren.

Die Entenbrüste aus der Pfanne nehmen und mit der Hautseite nach oben in eine ofenfeste Form legen. Die Oberseiten mit der Glasur bestreichen und im Rohr 15 Minuten braten.

Die Birnen schälen, längs halbieren und die Kerngehäuse mit einem Kugelausstecher oder Teelöffel entfernen.

Die Bratpfanne mit Küchenkrepp auswischen. 1 EL des abgeschöpften Entenfetts darin erhitzen und die Birnenhälften mit den Schnittflächen nach unten darin anbraten. Mit dem Quitten- oder Williamsbrand ablöschen und die Flüssigkeit einkochen. Den Rosmarinzweig zugeben, den Apfelsaft und den Kalbsfond aufgießen, das Quittenmark oder das Quittengelee zugeben, die Birnen bei geringer Hitze weich dünsten – eventuell noch etwas Wasser zufügen – dann mit Salz und Pfeffer abschmecken.

Die Entenbrustfilets aus dem Rohr nehmen und 5–7 Minuten ruhen lassen, dann in dünne Scheiben schneiden, auf vorgewärmten Tellern oder einer Platte anrichten und mit den Quitten-Birnen und dem entstandenen Saft anrichten.

Tipp: Sollten die Gäste etwas später kommen: Sowohl die Entenbrüste als auch die Quitten-Birnen lassen sich im Backrohr bei 60 °C 1–2 Stunden warm halten.

Altwiener Hendl-Suppentopf

ZUBEREITUNGSZEIT	ca. 1 ½ Stunden
ZUTATEN	für 4 – 6 Personen
Hühnerteile (Flügerl* und Haxerl*)	800 g
Wurzelwerk (Karotten, Sellerie, eventuell Petersilienwurzel)	100 g
schwarze Pfefferkörner	4
geschälter, frischer Ingwer	1 Stück, ca. 2 cm
Suppennudeln	100 g
blanchierte Erbsen	50 g
Salz	
fein geschnittener Schnittlauch	1 Bund

Die Hühnerteile waschen und trocken tupfen. Die Haxerl* am Gelenk in Ober- und Unterschenkel teilen.

Das Wurzelwerk putzen, mit dem Hühnerfleisch in einen Topf geben und mit etwa 1 ½ l kaltem Wasser aufgießen. Die Pfefferkörner sowie den geschälten Ingwer zugeben und alles bei mittlerer Hitze etwa 1 Stunde weich kochen.

Die Suppe abseihen*, das Hühnerfleisch und das Wurzelwerk abkühlen lassen. Das Wurzelwerk klein schneiden. Das Fleisch von den Knochen lösen. Die Haut wegwerfen. Das Fleisch in mundgerechte Stücke schneiden.

Die Suppennudeln in reichlich Salzwasser bissfest kochen und abseihen, dann warm halten.

Die Hühnersuppe nochmals aufkochen, das Hühnerfleisch und das geschnittene Wurzelwerk sowie die Erbsen zufügen und alles etwa 10 Minuten ziehen lassen. Mit Salz abschmecken.

Die warmen Suppennudeln in tiefen Tellern anrichten, mit der heißen Suppe übergießen und mit reichlich Schnittlauch bestreuen.

Zubereitungsvariante – Gebundene Hühnersuppe: 30 g Butter in einem Topf zerlassen, 1 EL Weizenmehl hinzufügen, gut verrühren und einmal aufschäumen. Mit der Hälfte der abgeseihten Suppe aufgießen, gut durchrühren, nochmals aufkochen und die restliche Suppe sowie das geschnittene Gemüse und das Fleisch zugeben. Etwas Schlagobers* zur Suppe geben und nochmals kurz erhitzen.

*Flügerl = Flügel; Haxerl = Keule; abseihen = durch ein Sieb lassen; Schlagobers = Sahne

Backhenderl

ZUBEREITUNGSZEIT

ZUBEREITUNGSZEIT	ca. 45 Minuten
ZUTATEN	für 4 Personen
Hendl*	2 Hendl* à 1,3 kg
Salz	
Eier	3
Milch	3 EL
Weizenmehl	200 g
Semmelbrösel*	250 g
Butterschmalz oder	750 g
Sonnenblumenöl	750 ml – 1 l
Küchenkrepp	

Die Hendl* zuerst auf der Brustseite aufschneiden, auseinanderdrücken und das Rückgrat herausschneiden. Die Keulen herausschneiden und am Gelenk noch einmal teilen. Von den Brustteilen die Flügerl* wegschneiden. (Die Flügerl werden nicht mehr benötigt.) Alle Teile putzen und eventuell vorhandene Fettränder entfernen. Die Haut vorsichtig mithilfe eines Küchenpapiers ablösen und wegziehen.

Die Keulen an der flachen Seite bis zum Knochen einschneiden. So werden die Keulen beim Ausbacken schneller gar.

Die Hühnerteile (Brust und Keulen) von allen Seiten gut salzen.

Die Eier mit der Milch verqirlen. Das Mehl, die Eier-Milch-Mischung und die Brösel* separat in tiefe Schüsseln oder Teller geben.

Die Hühnerteile zuerst in Mehl wenden, dann mithilfe einer Gabel durch das Ei ziehen und in den Bröseln wälzen. Die Brösel nicht andrücken, die Panade wird sonst zu fest und geht nicht auf.

Eine tiefe Pfanne mit dem Butterschmalz oder dem Sonnenblumenöl füllen und dieses langsam erhitzen. Das Fett oder Öl hat die richtige Temperatur, wenn zur Probe eingelegte Brösel leicht »schäumen«.

Die Hühnerteile portionsweise in das heiße Fett legen und von jeder Seite etwa 5 bis 6 Minuten knusprig ausbacken. Dabei die Pfanne leicht schwenken, sodass sich die Panade nicht anlegt.

Die ausgebackenen Stücke auf Küchenkrepp legen und das überschüssige Fett gut abtupfen.

Im Backrohr bei 80 °C warm halten, bis alle Teile ausgebacken sind.

ALS BEILAGE
Rahm-Gurken-Salat
mit Erdäpfeln (Seite 317)*

* Hendl = hier: Brathuhn; Semmelbrösel = Paniermehl; Flügerl = Flügel; Erdäpfel = Kartoffeln

Wild

Rehcarpaccio
mit Rosmarinöl

ZUBEREITUNGSZEIT	ca. 45 Minuten
MARINIERZEIT	12 Stunden
ZUTATEN	für 4 Personen
Für das Rosmarinöl	
Olivenöl extra vergine	250 ml
frischer Rosmarin	4 Zweige
Für das Carpaccio	
ausgelöster Rehrücken	400 g
Salz	
schwarzer Pfeffer aus der Mühle	
Für den marinierten Salat	
Aceto balsamico	3 EL
Dijon-Senf	1 TL
Salz	
schwarzer Pfeffer aus der Mühle	
geputzter, gemischter Blattsalat	120 g
geputzte, braune Champignons	100 g
Gefrierbeutel	

Für das Rosmarinöl das Olivenöl in einen Topf geben und leicht erwärmen, aber nicht stark erhitzen. Die Rosmarinzweige dazugeben, vom Herd nehmen und das Öl zugedeckt über Nacht bei Zimmertemperatur ziehen lassen.

Vier flache Teller mit dem Rosmarinöl bestreichen und mit etwas Salz und Pfeffer bestreuen.

Für das Carpaccio den Rehrücken in sehr dünne Scheiben schneiden. Jedes Stück zwischen zwei Gefrierbeutel legen und mit einem Plattiereisen* oder der flachen Seite des Fleischklopfers vorsichtig zu einer etwa 1 mm dicken Scheibe klopfen.

Die Fleischblätter auf die 4 Teller verteilen, mit Salz und Pfeffer bestreuen und mit etwas Rosmarinöl beträufeln.

Für den marinierten Salat 8 EL Rosmarinöl mit dem Aceto balsamico vermengen, mit dem Senf, Salz und Pfeffer abschmecken. Den Salat gründlich mit dieser Marinade vermengen und in die Mitte der Teller setzen.

Die Stiele der Champignons herausbrechen. Die Champignonkappen mit einem Trüffelhobel über das ganze Carpaccio hobeln, eventuell nochmals pfeffern.

Tipp: Eventuell übrig gebliebenes Rosmarinöl eignet sich zum Marinieren von winterlichen Blattsalaten oder weichem Käse.

* Plattiereisen = flaches Eisen mit Griff zum Bearbeiten (plattieren, klopfen) von Portionsfleisch

ALS BEILAGE
Knuspriges Weißbrot

Hirschgeschnetzeltes
mit Kürbis

ZUBEREITUNGSZEIT	ca. 20 Minuten
ZUTATEN	für 2 Personen
Damhirschmedaillons	400 g
Salz	
schwarzer Pfeffer aus der Mühle	
geschälter Muskatkürbis	100 g
Sonnenblumen- oder Maiskeimöl	1 EL
Butter	20 g
Wildfond (siehe Seite 253)	60 ml
oder Rindsuppe (siehe Seite 121)	
Schlagobers*	125 ml
fein gehackte Rosmarinnadeln	1 TL
Preiselbeerkompott	1 EL
Salz	
schwarzer Pfeffer aus der Mühle	

Das Fleisch 30 Minuten vor der Zubereitung aus der Kühlung nehmen.

Die Hirschmedaillons gegen die Faser in dünne Scheiben schneiden und mit Salz und Pfeffer würzen.

Den Kürbis in etwa 1 cm große Würfel schneiden.

Das Öl in einer Pfanne erhitzen, die Butter darin aufschäumen und das Fleisch bei mittlerer Hitze von allen Seiten kurz anbraten.

Die Kürbiswürfel zugeben, kurz durchmengen und mit dem Fond oder der Suppe und dem Schlagobers aufgießen.

Den Rosmarin zugeben und das Geschnetzelte bei mittlerer Hitze köcheln, bis die Sauce eine cremige Konsistenz hat.

Das Geschnetzelte mit Preiselbeerkompott, Salz und Pfeffer abschmecken.

* Schlagobers = Sahne

ALS BEILAGE
In Butter geschwenkte Bandnudeln

Wildbeize

ZUBEREITUNGSZEIT	ca. 20 Minuten
ZUTATEN	für ca. 1 l
Wasser	750 ml
trockener Rotwein	125 ml
Weinessig	125 ml
kleine, geschälte und in grobe Würfel geschnittene Zwiebel	1
in große Würfel geschnittenes Wurzelwerk* (Karotte, Petersilienwurzel, Sellerieknolle, gelbe Rüben)*	250 g
getrocknete Lorbeerblätter	2
zerdrückte Wacholderbeeren	8
grob geschrotete schwarze Pfefferkörner	10
frischer Thymian	1 Zweig
in Scheiben geschnittene, unbehandelte Orange	1
in Scheiben geschnittene, unbehandelte Zitrone	1

Alle Zutaten in einen Topf geben und etwa 5 Minuten kochen, dann erkalten lassen.

Das Wildfleisch in die kalte Beize legen – das Fleisch muss vollständig bedeckt sein – und 2 bis 3 Tage im Kühlschrank ziehen lassen.

Tipp: Diese Beize eignet sich für kräftiges Wildfleisch, zum Beispiel Hirsch oder Wildschwein. 1 l Beize reicht für ca. 1 ½ kg Fleisch. Mariniert man das Fleisch in einem ausreichend großen Gefrierbeutel, spart man bis zur Hälfte der Marinade.

* Wurzelwerk = Suppengemüse

Wildfond

ZUBEREITUNGSZEIT	ca. 2 ½ Stunden
MARINIERZEIT	12 Stunden
ZUTATEN	für ca. 1 l
grob gehackte Wildknochen	1 ½ kg
trockener Rotwein	1 l
Sonnenblumen- oder Maiskeimöl	6 EL
Weizenmehl	1 EL
in feine Würfel geschnittene Zwiebeln	150 g
in feine Würfel geschnittene Karotten	2
in feine Würfel geschnittener Knollensellerie	200 g
geputzte und halbierte Champignons	100 g
Paradeisermark*	2 EL
Rindsuppe (siehe Seite 121)	750 ml
Lorbeerblätter	3
Wacholderbeeren	5
Gewürznelken	2
schwarze Pfefferkörner	10
frischer Rosmarin	1 Zweig
säuerlicher Apfel	1
unbehandelte Orange	½
Salz	
flüssiger Honig	1–2 EL
Frischhaltefolie	

Die Knochen in eine Schüssel geben, mit dem Rotwein übergießen, mit Frischhaltefolie abdecken und über Nacht kalt stellen.

Die Knochen abseihen* und gut abtropfen lassen. Den Rotwein zum Weiterverarbeiten beiseitestellen.

3 EL Öl in einem großen Topf erhitzen und die Knochen darin unter mehrmaligem Wenden 15–20 Minuten dunkelbraun rösten. Dann das Mehl darüberstreuen, kurz mitbraten, mit dem abgeseihten Rotwein ablöschen und alles etwa 10 Minuten köcheln lassen.

Das Backrohr auf 180 °C vorheizen.

Den Rest des Öls in einem zweiten großen ofenfesten Topf erhitzen, die Zwiebel-, die Karotten- und Selleriewürfel sowie die Champignons darin hellbraun anbraten. Das Paradeisermark* hinzufügen, kurz mitbraten, mit der Suppe ablöschen und mit dem Rotwein-Knochen-Sud auffüllen und alles aufkochen.

Die Lorbeerblätter, den Wacholder, die Pfefferkörner, die Gewürznelken sowie den Rosmarin zugeben.

Den Apfel waschen und vierteln, mit der Orangenhälfte in den Fond geben und den Fond im offenen Topf im Rohr 2 Stunden köcheln lassen.

Den Fond durch ein feines Sieb abseihen, mit Salz und Honig abschmecken, noch heiß in geeignete Gläser füllen, abkühlen lassen und bis zum Weiterverarbeiten kalt stellen.

* Paradeisermark = Tomatenmark; abseihen = abgießen

WILD BRATEN

1 **Wildschweinrücken:** kräftiger im Geschmack als das Hausschwein, vor allem im Herbst, wenn die Wildschweine viele Eicheln fressen, hat das Fleisch ein feines, nussiges Aroma

2 **Wildschweinschopf (Wildschweinnacken), gerollt:** der klassische Wildschweinsbraten. Durch das Binden wird das Stück kompakt und gleichmäßig gar

3 **Rehrücken:** besonders edles Teil, zart und saftig, am Knochen der klassische Rehbraten; ausgelöst, von allen Sehnen und Silberhäutchen befreit auch ein delikates Stück zum Niedertemperaturgaren

4 **Rehschlögel (Rehkeule):** ausgelöst, gerollt und bardiert (= mit Speck belegt, der Ausdruck kommt vom französischen *barder* = »umhüllen«) zum Braten oder ausgelöst für Ragout, Schmorbraten oder Rehschnitzel

5 **Hirschbraten:** ausgelöster Schlögel, schmeckt ebenso köstlich vom Rotwild wie vom Damwild (kleiner, zarter und feiner als das weiterverbreitete Rotwild) – zum Braten, Schmoren und Dünsten

6 **Hirschkrone:** ein besonders edler Zuschnitt vom Hirschen, im Ganzen oder aufgeschnitten als Koteletts zum Kurzbraten

7–8 **Hasenrücken und -lauf:** Feldhasen sind kräftig im Geschmack und etwas für Wildliebhaber. Beides lässt sich wunderbar braten, der ausgelöste Lauf ergibt ein köstliches Ragout

9 **Fasan:** mager und sehr aromatisch; am besten mit der Haut sanft braten, die ausgelöste Brust kann auch kurzgebraten werden und sollte dann schön rosa bleiben

Hirschbraten
in Rotweinsauce

ZUBEREITUNGSZEIT AM VORTAG	ca. 2 Stunden, mit Salz und Pfeffer würzen
ZUTATEN	für 4 Personen
Hirschrollbraten	1,2–1,5 kg
Salz	
schwarzer Pfeffer aus der Mühle	
Sonnenblumen- oder Maiskeimöl	5 EL
in kleine Würfel geschnittenes Wurzelwerk*	1 Bund (250 g)
unbehandelte Orange	½
Paradeismark*	2 EL
Wacholderbeeren	6
Pfefferkörner	6
Lorbeerblatt	1
Pimentkörner	6
trockener Rotwein	250 ml
Wildfond (siehe Seite 253) oder Rindsuppe (siehe Seite 121)	125 ml
Weizenmehl	2 EL
Hagebuttenmarmelade	3 EL
Alufolie zum Einwickeln	

Den Hirschbraten (wenn möglich) schon am Vortag kräftig mit Salz und Pfeffer einreiben.

Das Fleisch 1 Stunde vor der Zubereitung aus der Kühlung nehmen.

Das Backrohr auf 160 °C vorheizen.

Das Öl in einem Bräter erhitzen und das Fleisch darin von allen Seiten anbraten, dann aus dem Bräter nehmen.

Das Wurzelwerk* in dem Bratrückstand anbraten.

Die Orangenhälfte vierteln und zu dem Wurzelwerk geben, das Paradeismark* und die Gewürze zugeben und unter ständigem Rühren etwa 5 Minuten mitbraten. Danach alles mit dem Rotwein ablöschen, dann mit dem Wildfond bzw. der Rindsuppe auffüllen und aufkochen.

Das Fleisch in den Bratfond legen und zugedeckt bei 160 °C etwa 1½ Stunden schmoren, bis es eine Kerntemperatur von 67–70 °C erreicht hat.

Den Braten aus dem Bräter nehmen, sofort in Alufolie wickeln und im ausgeschalteten Rohr auf einem Gitter etwa 15 Minuten ruhen lassen.

Von dem Bratensaft 5–6 EL abnehmen und abkühlen lassen.

Das gebratene Gemüse samt Saft durch ein feines Sieb in einen Kochtopf streichen.

Das Mehl mit dem abgenommenen, abgekühlten Bratensaft glatt rühren, in die Sauce rühren und 4–5 Minuten kochen.

Die Hagebuttenmarmelade untermengen und die Sauce mit Salz abschmecken.

Das Fleisch in Scheiben schneiden und mit der Sauce anrichten.

*Wurzelwerk = Suppengemüse; Paradeismark = Tomatenmark; Erdäpfelknödel = Kartoffelklöße

ALS BEILAGE
Erdäpfelknödel (Seite 301)*

Gebratener Rehrücken
mit Thymianbutter

ZUBEREITUNGSZEIT	ca. 45 Minuten
ZUTATEN	für 4 Personen

Für den Thymianbutteransatz

Butter	20 g
fein gehackte Zwiebel	80 g
trockener Weißwein	125 ml
Rindsuppe (siehe Seite 121)	125 ml
frischer Thymian	6 Zweige
Angostura (Kräuterlikör)	1 EL

Für die Rehrückenfilets

ausgelöster Rehrücken	800 g
Olivenöl zum Bestreichen	1 EL
grob geschroteter schwarzer Pfeffer	1 EL
Salz	
Butter	40 g
Olivenöl extra vergine zum Braten	2 EL
frischer Rosmarin	2 Zweige

Für die Sauce

kalte Butter	80 g
grob gehackte Thymianblättchen	1 EL
Salz	
schwarzer Pfeffer aus der Mühle	

ALS BEILAGE
Selleriepüree (Seite 313)

Das Fleisch 1 Stunde vor der Zubereitung aus der Kühlung nehmen.

Das Backrohr auf 80 °C vorheizen.

Für den Thymianbutteransatz die Butter in einem kleinen Topf zerlassen, die Zwiebel darin glasig schwitzen, mit dem Weißwein ablöschen, mit der Suppe aufgießen, die Thymianzweige und den Angostura zugeben und alles bei mittlerer Hitze ca. 10–15 Minuten auf die Hälfte einkochen.

Den Rehrücken in vier Portionen teilen, mit dem Olivenöl (1 EL) bestreichen und dem grob geschroteten Pfeffer bestreuen, salzen, in eine Auflaufform legen und bei 80 °C etwa 15–18 Minuten garen. Sobald die Kerntemperatur 67 °C erreicht hat, das Fleisch aus dem Rohr nehmen und die Ofentemperatur auf 60 °C reduzieren.

Das Olivenöl (2 EL) in einer großen Pfanne erhitzen, die Butter darin aufschäumen, die Rosmarinzweige zugeben und das Fleisch von allen Seiten kurz anbraten, dann im Rohr (60 °C) etwa 10 Minuten ruhen lassen.

Den Thymian aus dem Saucenansatz nehmen und die Sauce in ein hohes Mixgefäß geben. Die kalte Butter in kleine Stücke schneiden und nach und nach mit dem Stabmixer in den Saucenansatz mixen. Die Thymianbutter mit Salz und Pfeffer abschmecken, dann den gehackten Thymian zugeben.

Den fertigen Rehrücken in Scheiben schneiden und mit etwas Selleriepüree und der Thymianbutter auf vorgewärmten Tellern anrichten.

Tipp: Das Fleisch kann in Alufolie gewickelt im Rohr bei 60 °C warm gehalten werden.

Variante: Man kann den Rehrücken auch durch Rehschnitzel oder gerollte Damhirschkeule ersetzen.

Gebratenes Wildschweinschopfsteak

Gebratenes Wildschweinnackensteak

ZUBEREITUNGSZEIT	ca. 50 Minuten
MARINIERZEIT	12 Stunden
ZUTATEN	für 4 Personen
Wildschweinschopf* im Ganzen	ca. 800 g
in feine Scheiben geschnittene Knoblauchzehen	3
zerdrückte Wacholderbeeren	12
Kümmelsamen	1 TL
grob geschroteter schwarzer Pfeffer	2 TL
Salz	½ TL
Sonnenblumen- oder Maiskeimöl	8 EL
trockener Rotwein	125 ml
Wildfond (siehe Seite 253) oder Rindsuppe (siehe Seite 121)	125 ml
Aceto balsamico	2 EL
flüssiger Honig	1 EL
Alufolie	
Küchengarn	
Holzspieße	8

Den Wildschweinschopf mit einem langen Stück Küchengarn rund binden und in 8 Steaks gleichmäßige Steaks schneiden.

Für die Marinade den Knoblauch, die Wacholderbeeren, den Kümmel sowie Pfeffer und Salz mit 6 EL Sonnenblumenöl vermengen.

Die Wildschweinsteaks mit der Marinade einpinseln, einzeln mit Küchengarn rund binden. Jedes Steak mit einem Holzspieß durchstechen. Die Steaks in einem gut verschlossenen Gefäß über Nacht im Kühlschrank marinieren. Das Fleisch 1 Stunde vor der Zubereitung aus der Kühlung nehmen.

Das Backrohr auf 80 °C vorheizen.

Das restliche Sonnenblumenöl (2 EL) in einer ofenfesten Pfanne oder einem Bräter erhitzen. Die Steaks aus der Marinade nehmen und von beiden Seiten je 4 Minuten scharf anbraten.

Mit dem Rotwein ablöschen, einmal aufkochen, die Rindsuppe oder den Wildfond und den Aceto balsamico zugeben, die Sauce nochmals aufkochen, dann den Honig und die übrige Marinade zufügen.

Die Pfanne mit Alufolie abdecken und die Steaks im Rohr bei 80 °C etwa 40 Minuten fertig garen.

Die Steaks aus der Sauce nehmen. Die Sauce bei Bedarf nochmals abschmecken und mit den Steaks auf vorgewärmten Tellern anrichten.

*Wildschweinschopf = Wildschweinnacken; Erdäpfel = Kartoffeln

ALS BEILAGE
Erdäpfel-Rahm-Salat (Seite 316)*

Gebratener Fasan

ZUBEREITUNGSZEIT	ca. 1½ Stunden
RUHEZEIT	ca. 1 Stunde
ZUTATEN	für 4 Personen
küchenfertige Fasane	3 Fasane à 700 g
Wacholderbeeren	6
schwarze Pfefferkörner	6
Salz	1 gestrichener TL
getrockneter Thymian	½ TL
Frühstücksspeck	18 dünne Scheiben à 10 g
Küchengarn	

Die Fasane waschen, innen und außen trocken tupfen, eventuell noch vorhandene Federkiele entfernen.

Die Wacholderbeeren, die Pfefferkörner, das Salz und den Thymian im Mörser grob zerstoßen. Wer keinen Mörser hat, gibt die Gewürze in einen Gefrierbeutel und rollt mit einem Nudelholz mehrmals kräftig darüber.

Die Fasane innen und außen mit der Gewürzmischung einreiben.

Die Fasanenbrüste der Länge nach mit je 4 Speckscheiben belegen.

Die Haxerl* über der Brust mit Küchengarn zusammenbinden.

Den Boden eines großen Bräters mit den restlichen Speckscheiben auslegen, die Fasane mit der Brust nach oben daraufsetzen und mit einem Küchentuch zugedeckt etwa 1 Stunde ruhen lassen.

Das Backrohr während der Ruhezeit rechtzeitig auf 150 °C vorheizen.

Das Küchentuch entfernen und die Fasane im Rohr 45 Minuten braten.

Die Ofentemperatur auf 120 °C reduzieren und die Fasane weitere 30 Minuten braten, anschließend 10 Minuten ruhen lassen.

Das Küchengarn entfernen, die Fasane tranchieren und mit dem Rotkraut anrichten.

Tipp: Den mitgebratenen Speck fein hacken und mit dem entstandenen Bratensaft unter das Rotkraut mengen.

* Haxerl = Keulen

ALS BEILAGE
Orangen-Rotkraut (Seite 306)

Hirschragout
mit Holler

Hirschragout mit Holunder

ZUBEREITUNGSZEIT	ca. 1 Stunde
MARINIERZEIT	1 Stunde
ZUTATEN	für 4 Personen
Damhirschfleisch aus dem Schlögel*	1–1,2 kg
geschroteter schwarzer Pfeffer	1 EL
Olivenöl	3 EL
Dijon-Senf	1 EL
Butter	50 g
in große Würfel geschnittene Karotte	150 g
in große Würfel geschnittener Knollensellerie	150 g
in feine Würfel geschnittene Zwiebel	80 g
in feine Würfel geschnittener Selchspeck*	80 g
trockener Rotwein	125 ml
roter Portwein	125 ml
Wildfond (siehe Seite 253) oder Rindsuppe (siehe Seite 121)	400 ml
frischer Rosmarin	2 Zweige
Wacholderbeeren	5
Salz	
frirsch gemahlener schwarzer Pfeffer	
Maisstärke	1 EL
kaltes Wasser	2–3 EL
Hollerkompott*	3–4 EL
Schokolade (70 % Kakaogehalt)	30 g

Zum Garnieren

Hollerkompott	4 TL
Crème fraîche	4 TL
gehackte Walnüsse	4 TL

Das Fleisch in etwa 3 cm große Würfel schneiden. Mit dem Pfeffer, dem Olivenöl und dem Senf vermengen und bei Zimmertemperatur zugedeckt 1 Stunde marinieren.

Die Butter in einem Topf zerlassen und das marinierte Fleisch darin von allen Seiten anbraten. Die Gemüsewürfel, die Zwiebelwürfel und die Speckwürfel zugeben und kurz mitbraten.

Mit dem Rotwein, dem Portwein und dem Fond oder der Suppe aufgießen. Den Rosmarinzweig sowie die Wacholderbeeren zugeben, salzen, pfeffern und bei mittlerer Hitze etwa 30 Minuten kochen.

Die Maisstärke mit dem kaltem Wasser glatt rühren. Das Ragout vom Herd nehmen, die Maisstärke hineinrühren, wieder auf den Herd stellen und 1–2 Minuten weiterköcheln.

Das Ragout vom Herd nehmen. Das Hollerkompott* und die Schokolade in das heiße Ragout geben, gut durchrühren und kurz ruhen lassen.

Das Ragout mit Salz und Pfeffer abschmecken, auf vorgewärmten Tellern anrichten und mit jeweils 1 TL Hollerkompott, 1 TL Crème fraîche sowie 1 TL gehackten Walnüssen garnieren.

Tipp: Dieses Gericht lässt sich auch mit Rehschlögel* oder Wildhase zubereiten.

* Schlögel = Keule; Selchspeck = Räucherspeck; Hollerkompott = Holunderkompott; Grießknödel =Grießklöße

ALS BEILAGE
Grießknödel (Seite 300)*

Hasenpfeffer

ZUBEREITUNGSZEIT	ca. 1½ Stunden
MARINIERZEIT	2 Tage
ZUTATEN	für 4 Personen
ausgelöstes Wildhasenfleisch	1 kg

Für die Beize

trockener Rotwein	500 ml
Gin (Wacholderschnaps)	40 ml
getrocknete Steinpilze	10 g
mit einer Gabel zerdrückte Wacholderbeeren	10
Pimentkörner	10
schwarze Pfefferkörner	10
Gewürznelken	2
getrocknete Lorbeerblätter	2
in Würfel geschnittene Karotte	100 g
Knollensellerie	80 g
in Stücke geschnittener Lauch	100 g
fein gehackte Zwiebel	100 g
frischer Rosmarin	4 Zweige

Für die Sauce

Sonnenblumen- oder Maiskeimöl	3 EL
Frühstücksspeckwürfel	100 g
trockener Rotwein	500 ml
Rindsuppe (siehe Seite 121)	250 ml
braune Champignons	300 g
Weizenmehl	1 EL
Wasser	125 ml
Salz	
schwarzer Pfeffer aus der Mühle	
Frischhaltefolie	

ALS BEILAGE
Serviettenknödel (Seite 302)

Das Fleisch 30 Minuten vor der Zubereitung aus der Kühlung nehmen.

Das Hasenfleisch von Sehnen und Häutchen befreien, in Würfel schneiden und in eine Schüssel geben.

Für die Beize den Rotwein mit dem Gin, den getrockneten Pilzen und allen Gewürzen in einen Topf geben und kurz erwärmen (damit die Gewürze ihr Aroma rascher entfalten), dann abkühlen lassen und über das Fleisch geben.

Die Karotten, den Sellerie, den Lauch und die Zwiebel mit dem Rosmarin über dem Fleisch verteilen. Die Schüssel mit Frischhaltefolie abdecken und 2 Tage im Kühlschrank ziehen lassen.

Das marinierte Fleisch abgießen. Die Marinade beiseitestellen. Das Fleisch gut abtropfen lassen und bei Zimmertemperatur etwa 30 Minuten ruhen lassen.

Das Fleisch salzen und pfeffern, mit etwas Mehl bestäuben und gut durchmengen.

Das Öl in einem großen Topf erhitzen und die Speckwürfel darin anbraten. Das Fleisch zugeben und auf allen Seiten anbraten.

Dann mit der restlichen Marinade aufgießen, den Rotwein und die Rindsuppe sowie die Champignons zugeben und bei mittlerer Hitze etwa 1 Stunde zugedeckt köcheln lassen.

Das Mehl mit dem kaltem Wasser glatt rühren, den Topf vom Herd nehmen, das angerührte Mehl unterrühren, den Topf wieder auf den Herd stellen und alles 10 Minuten weiterkochen.

Den Hasenpfeffer mit Salz und Pfeffer abschmecken.

Hirschkalbrücken
in Wacholderrahmsauce

ZUBEREITUNGSZEIT	ca. 30 Minuten
ZUTATEN	für 4 Personen
ausgelöster Hirschkalbrücken	8 Medallions à 100 g
Salz	
schwarzer Pfeffer aus der Mühle	
Sonnenblumen- oder Maiskeimöl	2 EL
Butter	40 g
Wildfond oder Rindsuppe	125 ml
flüssiger Schlagobers*	125 ml
zerdrückte Wacholderbeeren	4
mit den Fingerspitzen zerriebener Thymian	½ TL
Gin (Wacholdergeist)	20 ml
Salz	
schwarzer Pfeffer aus der Mühle	
kalte Butter	40 g

Das Fleisch 30 Minuten vor der Zubereitung aus der Kühlung nehmen.

Die Hirschmedaillons beidseitig mit Salz und Pfeffer würzen.

Das Öl in einer flachen Pfanne erhitzen, die Butter darin aufschäumen und die Hirschmedaillons von beiden Seiten je etwa 1 Minute anbraten. (Das Fleisch soll innen noch zart rosa sein.)

Das Fleisch aus der Pfanne nehmen und warm stellen.

Den Bratensatz mit dem Wildfond oder der Suppe lösen, mit dem Schlagobers aufgießen, dann die Wacholderbeeren, den Thymian und den Gin hinzufügen.

Die Sauce auf die gewünschte Konsistenz reduzieren, mit Salz und Pfeffer abschmecken und zum Schluss die kalte Butter hineinrühren.

Die Hirschmedaillons mit der Sauce anrichten.

* Schlagobers = Sahne

ALS BEILAGE
Dünne Bandnudeln und
Rosmarinzwetschgen (Seite 325)

Kaninchen

KANINCHEN – FEIN & ZART
UND BESONDERS CHOLESTERINARM

1. **Karreerose (ausgelöster Kaninchenrücken):** der zarteste Teil des Kaninchens; niemals ganz durchbraten, sonst wird er zu trocken
2. **Kaninchenrücken** mit Knochen: saftig, mager und wunderbar zum Schmoren
3. **Kaninchenkeule:** köstlich zum Backen und Schmoren

Gebratenes Kaninchenfilet
mit Spargel-Safran-Ragout

ZUBEREITUNGSZEIT	ca. 45 Minuten
ZUTATEN	für 4 Personen
küchenfertige Kaninchenfilets	8 Filets à 70 g
Rohschinken	8 Scheiben
Für das Spargel-Safran-Ragout	
weißer Spargel	1 kg
Schalotten	2
Butter	60 g
Kristallzucker	1 TL
Safranfäden	2 Päckchen
Zitronensaft	½ TL
Rindsuppe (siehe Seite 121)	250 ml
Schlagobers*	125 ml
Salz	
schwarzer Pfeffer aus der Mühle	
frisch gehackte glatte Petersilie	4 EL
Zum Braten	
Butter	40 g
Olivenöl extra vergine	1 EL
frischer Rosmarin	1 Zweig

Die Kaninchenfilets mit je 1 Scheibe Rohschinken umwickeln und bei Zimmertemperatur zugedeckt 30 Minuten ruhen lassen.

Für das Spargel-Safran-Ragout den Spargel großzügig schälen und diagonal in ca. 1 cm breite Stücke schneiden. Die Schalotten schälen und in kleine Würfel schneiden.

Die Butter (60 g) in einem Topf zerlassen. Die Schalottenwürfel darin anschwitzen, dann die Spargelstücke zugeben und 1–2 Minuten mitschwitzen. Den Zucker und die Safranfäden zugeben und ebenfalls kurz mitbraten.

Den Zitronensaft zugeben und alles so lange dünsten, bis die Flüssigkeit vollständig reduziert ist.

Mit der Suppe aufgießen und den Spargel bei mittlerer Hitze 6–8 Minuten kochen. Den Schlagobers* zufügen, mit Salz und Pfeffer abschmecken und das Ragout weitere 2–3 Minuten köcheln lassen. Das Ragout dann vom Herd nehmen und die Petersilie untermengen.

Die Butter (40 g) in einer Pfanne zerlassen, das Olivenöl und den Rosmarinzweig zufügen, die Kaninchenfilets bei geringer Hitze von allen Seiten insgesamt 1–2 Minuten braten und dabei immer wieder mit der Butter-Öl-Mischung übergießen. Die Pfanne vom Herd nehmen und das Fleisch zugedeckt 2–3 Minuten ruhen lassen.

Die Kaninchenfilets in 2–3 cm dicke Tranchen schneiden, mit dem Spargel-Safran-Ragout auf vorgewärmten Tellern anrichten und mit dem Bratensaft beträufeln.

* Schlagobers = Sahne

ALS BEILAGE
Dünne Bandnudeln oder Reis

Kaninchenragout
mit Oliven und Kapern

ZUBEREITUNGSZEIT	ca. 1 Stunde
ZUTATEN	für 4 – 6 Personen
Kaninchenrücken mit Knochen oder	2 Rücken à 500 g
in Stücke geschnittene Keulen	4 Keulen à 250 g
Dijon-Senf	4 EL
Olivenöl zum Anbraten	4 EL
fein gehackte Zwiebel	100 g
in kleine Stücke geschnittene Karotte	80 g
Weizenmehl zum Bestäuben	2 EL
trockener Weißwein	125 ml
frischer Thymian	1 Zweig
frisches Lorbeerblatt	1
Paradeismark*	1 EL
fein gehackte Knoblauchzehen	2
Rindsuppe (siehe Seite 121) oder Hühnersuppe (siehe Seite 241)	500 ml
Salz	
Paradeiser*	4
entsteinte schwarze Oliven	4 EL
Kapern	4 EL
fein gehackte Blattpetersilie	2 EL
schwarzer Pfeffer aus der Mühle	

ALS BEILAGE
Reis

Das Fleisch 30 Minuten vor der Zubereitung aus der Kühlung nehmen.

Das Backrohr auf 80 °C vorheizen.

Die Kaninchenrücken großzügig mit Dijon-Senf bestreichen.

2 EL Olivenöl in einem Bräter erhitzen und die Kaninchenstücke darin von allen Seiten vorsichtig anbraten. Das Fleisch aus dem Bräter nehmen und beiseitestellen.

Die restlichen 2 EL Olivenöl in einem Topf erhitzen. Die Zwiebel und die Karotte einige Minuten darin anschwitzen. Mit dem Mehl stäuben, gut verrühren und mit dem Weißwein ablöschen.

Den Thymian, das Lorbeerblatt, das Paradeismark und den Knoblauch hinzufügen und gut verrühren.

Die Kaninchenstücke wieder in den Bräter geben, mit der Suppe aufgießen und diese zum Kochen bringen. Mit Salz abschmecken und zugedeckt im Rohr ca. 40 Minuten garen.

Die Paradeiser* vom Stielansatz befreien, kreuzweise einschneiden, in kochendem Wasser blanchieren, in Eiswasser abschrecken, häuten, vierteln, entkernen und in kleine Würfel schneiden.

Den Bräter aus dem Rohr nehmen, die Kaninchenstücke vorsichtig aus dem Bräter nehmen und warm stellen.

Die Sauce durch ein Sieb streichen und zurück in den Bräter geben.

Die Paradeiswürfel*, die Oliven und die Kapern dazugeben. Die Sauce auf die Hälfte einkochen. Die Sauce abschmecken und das Fleisch wieder hineingeben.

Das Kaninchenragout auf vorgewärmten Tellern anrichten und servieren.

Tipp: Während die Sauce einkocht, kann das Kaninchenfleisch von den Knochen befreit und portioniert werden.

* Paradeismark = Tomatenmark; Paradeiser = Tomaten

Kaninchenkeule
in Senfsauce

ZUBEREITUNGSZEIT	ca. 1 ½ Stunden
ZUTATEN	für 4 Personen
Kaninchenkeulen	4 Keulen à 250 g
Salz	
schwarzer Pfeffer aus der Mühle	
Weizenmehl zum Wenden	2 EL
Sonnenblumen- oder Maiskeimöl	2 EL
Butter	50 g
trockener, fruchtiger Weißwein (z. B. Chardonnay)	125 ml
Hühnersuppe (siehe Seite 241) oder Kalbsfond (siehe Seite 66)	750 ml
Schlagobers*	250 ml
Dijon-Senf	3 EL
gelbe Senfkörner	1 TL

Die Kaninchenkeulen mit Salz und Pfeffer einreiben und bei Zimmertemperatur zugedeckt etwa 30 Minuten ruhen lassen. Die Kaninchenkeulen dann in Mehl wenden.

Das Backrohr auf 160 °C vorheizen.

Das Öl in einem Bräter erhitzen, die Butter darin aufschäumen und die Kaninchenkeulen von beiden Seiten anbraten. Die angebratenen Kaninchenkeulen aus dem Topf nehmen.

Den Bratrückstand mit dem Weißwein ablöschen und fast ganz einkochen. Mit der Suppe oder dem Fond aufgießen, den Schlagobers*, den Senf und die Senfkörner zugeben, alles gut durchrühren (am besten mit dem Schneebesen) und die Sauce zur Hälfte einkochen.

Die Kaninchenkeulen in die Sauce legen und im Rohr zugedeckt etwa 45 Minuten schmoren. Anschließend die Ofentemperatur auf 60 °C reduzieren und die Kaninchenkeulen etwa 20 Minuten »nachziehen« lassen.

Die Kaninchenkeulen mit der abgeschmeckten Sauce auf vorgewärmten Tellern anrichten.

* Schlagobers = Sahne; Nockerl (manchmal auch Nockerln) = Klößchen; frz.: noques, it.: gnocchi

ALS BEILAGE
Nockerl* (Seite 304) und/oder
in Butter geschwenkter, mit Zimt, Salz
und Pfeffer gewürzter Blattspinat

Grillen

Das sanfte Turbogrillen
Schritt für Schritt

Wer kennt sie nicht, die lauen Grillabende in geselliger Runde, der Grill ist an, das Bier gekühlt, der Hunger groß, aber die Glut noch nicht soweit und so geraten die ersten Koteletts und Würstel auf der zu starken Feuer außen leicht verkokelt und innen noch nicht warm oder zu roh.

Vom Schweizer Metzgermeister und Kochbuchautor Werner Wirth haben wir uns zum sanften Turbogrillen inspirieren lassen. Das sanfte Turbogrillen ist die ideale Grillmethode für jede Gartenparty in größerer Runde und größere Fleischteile mit Knochen: Das Grillgut wird langsam und schonend im Backrohr »vortemperiert« und bekommt dann auf dem Grill in wenigen Minuten Farbe und Geschmack – innen zart, saftig und gar, außen köstlich knusprig und das im »Turbotempo« von wenigen Minuten!

Am Vortag: Marinieren und würzen.

Marinieren und würzen Sie Ihre Koteletts, Steaks und Spieße rechtzeitig; die Marinade braucht Zeit, um in das Fleisch einzudringen und so ihre geschmackvolle Wirkung zu tun. Aber bitte erst kurz vor dem Grillen salzen! Salz bindet Wasser, entzieht also dem Fleisch Saft und macht es damit auch trocken.

Das Fleisch aus der Marinade nehmen und mit einem Küchentuch abtupfen. Würste mit etwas Öl bestreichen.

1 Stunde vor dem Grillen: Das Backrohr auf 60 °C vorheizen. Achtung: Nicht immer hat Ihr Backrohr tatsächlich die Temperatur, die angezeigt wird. Deshalb vorher mit einem in den Innenraum gelegten Bratenthermometer überprüfen, welche Temperatur Sie wirklich erreichen.

45 Minuten vor dem Grillen: Fleisch und Würste ins vorgeheizte Backrohr geben.

Wenn Sie die Bleche mit Backpapier auslegen, ersparen Sie sich nachher lästige Reinigungsarbeiten!

In diesen 45 Minuten nimmt das Grillgut ganz »sanft« die Backrohrtemperatur an, es gart quasi vor. Dabei kann etwas Fleischsaft austreten und sich das Fleisch auch schon ganz leicht verfärben, nicht erschrecken, das ist normal und ein Zeichen dafür, dass es funktioniert.

Das Grillgut direkt vom Blech auf den Grill geben und bei großer Hitze auf beiden Seiten bräunen.

Das dauert je nach Hitze maximal 1–2 Minuten auf jeder Seite. Ein paar Rosmarinzweige im Grillfeuer tun das Ihre und geben ein ganz wunderbares Aroma. Das heißt, Sie haben in nur 4 Minuten eine ganze Grillladung genussfertig »turbogegrillt«.

Biermarinade

ZUBEREITUNGSZEIT	ca. 10 Minuten
MARINIERZEIT	mind. 1 Stunde
ZUTATEN	für 1 kg Fleisch
edelsüßes Paprikapulver	1 EL
Kristallzucker	1 EL
Currypulver	1 EL
Ketchup	3 EL
Cayennepfeffer	1 gestrichener TL
scharfer Senf	1 EL
im Mörser zerstoßene Kümmelsamen	1 TL
fein gehackte Knoblauchzehen	2
Schwarzbier	125 ml
Olivenöl	125 ml
Salz	
schwarzer Pfeffer aus der Mühle	

Alle Zutaten gut miteinander vermengen und mit wenig Salz und Pfeffer abschmecken.

Das Fleisch damit beidseitig bestreichen und mindestens 1 Stunde darin ziehen lassen.

Tipp: Diese Marinade passt zu Schweinefleisch.

Würzige Joghurtmarinade

ZUBEREITUNGSZEIT	ca. 10 Minuten
MARINIERZEIT	1–2 Stunden
ZUTATEN	für 1 kg Fleisch
rote Paprikaschote	1 à 150 g
Naturjoghurt (3,5 % Fettgehalt)	375 ml
Kurkuma	1 TL
Kreuzkümmelsamen	1 EL
fein gehackte Zwiebel	80 g
große, fein gehackte Knoblauchzehen	2
frisch gehackte Minze oder glatte Petersilie	1 EL
Zitrone	½
Salz	
schwarzer Pfeffer aus der Mühle	

Die Paprikaschote halbieren, entkernen, waschen und fein hacken.

Den Joghurt mit dem Kurkuma, dem Kreuzkümmel, dem zerkleinerten Gemüse, den Kräutern und dem frisch gepressten Zitronensaft vermengen, mit wenig Salz und Pfeffer würzen.

Das Fleisch beidseitig dick mit der Marinade bestreichen und mindestens 1 Stunde ziehen lassen.

Tipp: Diese Marinade passt zu Lamm- oder Hühnerfleisch.

Rotwein-Gewürz-Marinade

ZUBEREITUNGSZEIT	ca. 5 Minuten
ZIEHZEIT	1 Stunde
ZUTATEN	für 1 kg Fleisch
frischer Majoran	3 Zweige
geschälte Knoblauchzehen	3
trockener Rotwein	125 ml
Olivenöl	125 ml
unbehandelte geriebene Zitronenschale	1 Msp.
brauner Zucker	1 TL
getrocknete Lorbeerblätter	3
Salz	
schwarzer Pfeffer aus der Mühle	

Die Majoranblättchen abrebeln und grob hacken.

Den Knoblauch in feine Scheiben schneiden und mit dem Rotwein sowie dem Olivenöl verrühren. Die fein geriebene Zitronenschale und den braunen Zucker hinzufügen.

Die Lorbeerblätter zwischen den Fingern zerbröseln, hinzugeben und die Marinade mit wenig Salz und Pfeffer abschmecken, dann 1–2 Stunden ziehen lassen.

Das Fleisch in die Marinade legen und mindestens 2 Stunden darin ziehen lassen.

Tipp: Diese Marinade passt zu Lamm- oder Rindfleisch.

GRILLEN – DIE »KLASSIKER«

1–5 **Klassischer Geflügelgrillteller** mit **Keule (1),
Flügerl (Flügel; 2),** und **Unterkeule mit Haut
(3)** vom Huhn, **ausgelöste Truthahn- (4) und
Hühnerbrust (5).** Geflügel sollte im Gegensatz
zu Rind immer ganz durchgegart werden. Ein
Tipp fürs Grillen von Hühnerkeulen mit Knochen:
Das Fleisch unten entlang des Knochens bis zum
Knochen einschneiden und dann erst auf den Grill
legen – das reduziert die Garzeit

6–9 **Lamm: Karreerose (ausgelöstes, mageres
Fleisch vom Rücken; 6), Krone (Lammkote-
letts am Stück; 7), Hüftsteak (8), Koteletts (9)**
(Lammrücken mit Knochen)

10 **Rindslungenbraten (Rinderfilet):** das edle, klassische Filetsteak

11–15 **Das Feinste vom Kalb: Steaks vom weißen
Scherzel (Schwanzrolle, äußere Rose; 11)** und
**Filet (12), Karreerose (13), »langes« Kotelett
(ausgelöstes Kotelett am Stück; 14)** und **Kalbs-T-
Bone-Steak (15)**

16 **Rinder-T-Bone:** Roastbeefscheibe mit dem T-
förmigen Knochen und Filetanteil

17–20 **Kleine Rindersteakkunde: Beiried (»Rumpsteak«, Flaches Roastbeef; 17), Entrecôte (»Rib
Eye«, 18)** mit dem typischen Fettauge, **Rostbraten (Rundes Roastbeef; 19), Clubsteak (aus
dem Mittelrücken geschnittenes, nahezu 3 cm
dickes Steak; 20)**

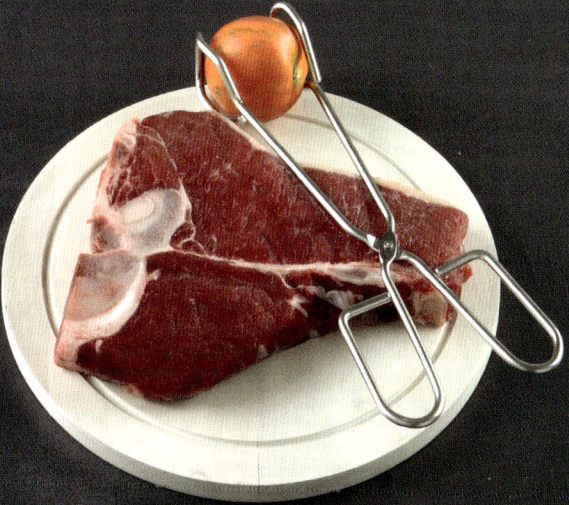

Hühner-Gemüse-Spieße

ZUBEREITUNGSZEIT	ca. 30 Minuten
MARINIERDAUER	ca. 20 Minuten
ZUTATEN	für 4 Personen
große Zucchini	1 Zucchini à 200 g
Salz	
schwarzer Pfeffer aus der Mühle	
Olivenöl	4 EL
gehackte Rosmarinnadeln	2 EL
fein gehackte Knoblauchzehen	2
Hühnerbrust	400 g
Frühlingszwiebeln	100 g
Holzspieße	

Die Zucchini waschen, in 4 cm breite Scheiben schneiden. Diese längs halbieren, leicht salzen und pfeffern.

Das Olivenöl mit dem Rosmarin und dem Knoblauch vermengen und über die Zucchinistücke gießen, alles gut durchmischen und ca. 10 Minuten ziehen lassen.

Das Hühnerfilet in ca. 4 cm große Würfel schneiden, salzen und pfeffern, zu den Zucchiniwürfeln geben und alles bei Zimmertemperatur weitere 10 Minuten ziehen lassen.

Die Frühlingszwiebeln putzen (die grünen Teile entfernen) und in etwa 3 cm lange Stücke schneiden.

Das Backrohr auf 60 °C vorheizen.

Die Fleischwürfel und Zucchinistücke abwechselnd mit den Frühlingszwiebelstücken auf Holzspieße stecken.

Die Spieße auf ein Backblech legen und im Rohr ca. 20 Minuten vorgaren; anschließend auf dem heißen Grill von jeder Seite 1–2 Minuten grillen. Bei Bedarf nochmals nachwürzen.

Gegrilltes Hüftsteak mit Speck

ZUBEREITUNGSZEIT	ca. 30 Minuten
ZUTATEN	für 4 Personen
Rinderhüftsteaks	8 Steaks à 100 g
Salz	
grob geschroteter Pfeffer	
frischer Rosmarin	8 Zweige
Frühstücksspeck	16 Scheiben

Das Backrohr auf 60 °C vorheizen.

Die Hüftsteaks salzen und pfeffern.

Jedes Steak mit 1 Zweig Rosmarin belegen und mit je 2 Scheiben Speck umwickeln.

Die Steaks auf ein Backblech legen und ca. 20 Minuten vorgaren; anschließend auf den Grill legen und von jeder Seite ca. 1–2 Minuten grillen.

SCHWEINEFLEISCH GRILLEN

1   **Spareribs:** der Klassiker der US-Barbecue-Küche
    ist übrigens auch in der chinesischen Küche nicht
    unbekannt, ebenso wie – meist rot eingefärbt – in der
    kantonesischen. Was nicht fehlen darf: die richtige
    Marinade!
2   **Karreerose (ausgelöstes, mageres Fleisch vom
    Rücken)**
3   **Fledermaus (ausgelöstes Fleisch aus dem Kreuz-
    bein)**
4   **Filet**
5   **Spanferkelkoteletts**
6   **Bauchfleisch (Schweinebauch, Wammerl):** wird
    besonders fein, wenn man das Fett möglichst gut
    »ausgrillt«
7   **Schopfsteak (Nacken, ausgelöst):** sehr saftig!
8   **»Lange« Koteletts (Kotelettstück)**
9   **»Kurze« Koteletts (Hinteres Kotelett mit Filet)**
10 **Grillbratwurst im Schafdarm** (sorgt für knackigen
    Biss und kürzere Garzeit)
11 **Bratwurst im Schweinsdarm**
12 **Käsekrainer** (typische Wiener Würstelstandwurst
    aus Rind- und Schweinefleisch mit Käsestücken)

Spareribs
in scharfer Schwarzbiermarinade

ZUBEREITUNGSZEIT	ca. 50 Minuten
RASTZEIT	30 Minuten
MARINIERZEIT	1 Tag
ZUTATEN	für 4 Personen
Spareribs vom Schwein	2–2,5 kg
Für die Marinade	
geschälte Knoblauchzehen	6
geschälte Zwiebel	1
Schwarzbier (dunkles Vollbier)	250 ml
Apfelessig	1 EL
Sonnenblumen- oder Maiskeimöl	3 EL
flüssiger Honig	2 EL
Worcestersauce	125 ml
scharfe Chilipaste (Harissa)	2 EL
Salz	
schwarzer Pfeffer aus der Mühle	
Variante: Pikante Marinade	
gut abgetropfte Marillen* (aus der Dose)	220–240 g
Sojasauce	5 EL
fein gehackte Knoblauchzehe	1
fein geriebener frischer Ingwer	30 g
Paradeismark*	1 EL
frisch gepresster Zitronensaft	2 EL
kleine, fein gehackte Chilischote	1
Olivenöl	3 EL
Salz	
schwarzer Pfeffer aus der Mühle	
Backpapier	

ALS BEILAGE
*Grillerdäpfel**

Für die Marinade den Knoblauch und die Zwiebel fein hacken. Mit dem Bier, dem Essig, dem Öl, dem Honig, der Worcestersauce und der Chilipaste in einen Topf geben, aufkochen, vom Herd nehmen und abkühlen lassen. Die Marinade mit Salz und Pfeffer abschmecken.

Die Spareribs in eine flache Schüssel geben, mit der Marinade übergießen und über Nacht im Kühlschrank ziehen lassen.

Das Fleisch aus dem Kühlschrank nehmen und bei Zimmertemperatur etwa 30 Minuten ruhen lassen.

Das Backrohr auf 80 °C vorheizen.

Die Spareribs aus der Marinade nehmen, auf ein mit Backpapier bedecktes Backblech legen und im Backrohr bei 80 °C etwa 45 Minuten garen.

Die marinierten Ripperl auf den heißen Grill legen und von jeder Seite etwa 2–3 Minuten grillen, eventuell nachsalzen.

Variante: Pikante Marinade: Das Marillenkompott* mit der Sojasauce, dem Knoblauch, dem Ingwer, dem Paradeismark* und dem Zitronensaft in einen hohen Becher geben und mit dem Stabmixer fein pürieren.

Die gehackte Chilischote und das Olivenöl zugeben, gut vermengen und mit Salz und Pfeffer abschmecken. Die Spareribs beidseitig mit der Marinade bestreichen und mindestens 1 Stunde ziehen lassen.

Die Spareribs wie beschrieben zubereiten, während des Grillens immer wieder mit der Marinade bestreichen.

Tipp: Eventuell übrig gebliebene Marinade mit der gleichen Menge Sauerrahm oder Joghurt verrühren und als Sauce zu gegrilltem Fleisch reichen.

* Marillen = Aprikosen; Paradeismark = Tomatenmark; Erdäpfel = Kartoffeln;

Schweinekoteletts
in Bier-Honig-Marinade

ZUBEREITUNGSZEIT	ca. 10 Minuten
MARINIERZEIT	1 Tag
ZUTATEN	für 4 Personen
Schweinskoteletts	4 Stück à 180 g
Salz	
schwarzer Pfeffer aus der Mühle	

Für die Marinade	
Rindsuppe (siehe Seite 121)	250 ml
große, grob gehackte Knoblauchzehen	8
Kümmelsamen	1 EL
getrockneter Majoran	½ TL
Lorbeerblatt	1
Schwarzbier	125 ml
flüssiger Honig	3 EL
Sonnenblumen- oder Maiskeimöl	3 EL
Alufolie	

Für die Marinade die Rindsuppe mit dem Knoblauch, dem Kümmel, dem Majoran und dem Lorbeerblatt in einen Topf geben und bei geringer Hitze aufkochen, dann etwa 6–8 Minuten kochen lassen. Die Flüssigkeit dabei um etwa ein Drittel reduzieren. Die Marinade abkühlen lassen. Dann das Bier, den Honig und das Öl unterrühren.

Die Koteletts in eine Schüssel legen, mit der Marinade übergießen und mindestens 1 Tag zugedeckt im Kühlschrank ziehen lassen.

Die Koteletts etwa 30 Minuten vor der Zubereitung aus dem Kühlschrank nehmen und gut abtropfen lassen, dann salzen, pfeffern, auf den Grill legen und von jeder Seite etwa 4 Minuten grillen oder in einer Pfanne abbraten. Das Fleisch vor dem Anrichten kurz in Alufolie gewickelt ruhen lassen.

Tipp: Die Bier-Honig-Marinade passt auch sehr gut zu Bauchfleischscheiben.

Am Würstelstand

Die Institution des Würstelstandes zählt mitunter zu den Hauptnahrungsquellen der Wiener. Zu Zeiten der k.u.k.-Monarchie in großer Zahl eröffnet – um ehemaligen Soldaten bzw. Kriegsinvaliden ein Einkommen zu sichern – wird hier heute vorzugsweise ein nächtlicher Imbiss verzehrt. Der übrigens streng nach persönlichem Gusto und Laune nur an ganz bestimmten Plätzen dieser sehr wienerischen Fast-Food-Variante eingenommen wird. In diesem Zusammenhang sollen sich auch schon heftige Diskussionen entsponnen haben, wo's die beste »Käsekrainer«, »Burenwurst« oder »Waldviertler« der Stadt gibt …

Bild links: Geschäftsführer Franz »Jacky« Radatz bei der höchstpersönlichen Qualitätskontrolle an einem der berühmtesten Wiener Würstelstände unmittelbar hinter der Staatsoper. Der gelernte Fleischermeister und studierte Betriebswirt ist nicht nur Herausgeber des vorliegenden Buches, sondern leitet jenes Unternehmen, das unter anderem rund 200 Wiener Würstelstände mit einer vielfältigen Palette verschiedenster Würste beliefert. Insgesamt wacht der Qualitätsfanatiker – »bei den täglichen Verkostungen bin ich extrem streng« – über die Produktion von mehr als 100 verschiedenen Schinken- und Wurstspezialitäten, die in ganz Österreich erhältlich sind.

Beilagen

Semmelknödel

ZUBEREITUNGSZEIT	ca. 40 Minuten
ZUTATEN	für 6 Knödel*
in Würfel geschnittene, altbackene Semmeln	6 Stück (360 g)
Milch	etwa 250 ml
Butter	50 g
gehackte glatte Petersilie	3 EL
Eier	3
Weizengrieß	1 EL
Salz	
Weizenmehl	2–3 EL

Die Semmelwürfel mit der lauwarmen Milch übergießen und kurz ziehen lassen.

Die Butter in einer Pfanne zerlassen, die Petersilie darin kurz anschwitzen und alles über die eingeweichten Semmelwürfel geben.

Die Eier verquirlen und den Grieß hineinrühren, salzen, diese Mischung locker mit der eingeweichten Semmelmischung vermengen und den Teig 10 Minuten zugedeckt ruhen lassen. Dann das Mehl untermengen.

Mit feuchten Händen 6 große oder 12 kleine Knödel aus dem Teig formen, diese in kochendes Salzwasser legen und bei mittlerer Hitze im halb bedeckten Topf etwa 15 Minuten ziehen lassen. Die garen Knödel aus dem Wasser nehmen und gut abtropfen lassen.

Feine Grießknödel

Feine Grießklöße

ZUBEREITUNGSZEIT	ca. 45 Minuten
ZUTATEN	für 4 Personen (8–12 kleine Knödel*)
Milch	400 ml
Salz	½ TL
Butter	40 g
Weizengrieß	200 g
Eigelb	3
frisch geriebene Muskatnuss	
Salz	

Die Milch mit dem Salz und der Butter in einen kleinen Topf geben und aufkochen.

Den Grieß hineinrieseln lassen und den Grießbrei unter ständigem Rühren so lange kochen lassen, bis er sich vom Topfboden löst. Dann den Topf vom Herd nehmen, den Grießbrei in eine Schüssel umfüllen und kurz abkühlen lassen. Die Eigelb nach und nach unter den Grießbrei rühren und mit Muskatnuss und eventuell noch etwas Salz abschmecken. Aus dem Grießbrei mit befeuchteten Händen 12 kleine Knödel* formen.

In einem großen Topf Wasser zum Kochen bringen, salzen, die Knödel hineinlegen und bei mittlerer Hitze halb bedeckt etwa 10 Minuten ziehen lassen. Die Knödel aus dem Wasser nehmen und kurz abtropfen lassen.

* Knödel = Klöße

Erdäpfelknödel
Kartoffelklöße

ZUBEREITUNGSZEIT	ca. 45 Minuten
ZUTATEN	für 8 Knödel*
in der Schale gekochte und geschälte mehlige Erdäpfel*	600 g
Weizengrieß	30 g
Weizenmehl	180 g
Salz	
frisch geriebene Muskatnuss	
Maisstärke	40 g
Butter	60 g
Eier	2
Weizenmehl zum Ausarbeiten	
Salz	
Küchentuch	

Die geschälten, erkalteten Erdäpfel* durch die Erdäpfelpresse in eine Schüssel drücken. Den Grieß, die Maisstärke und das Mehl hinzugeben, alles locker vermengen und mit Salz und Muskatnuss abschmecken.

Die Butter in einem kleinen Topf zerlassen und mit den Eiern in die Erdäpfelmasse geben. Alles sofort und zügig mit den Händen zu einem Teig verkneten. Den Teig zugedeckt etwa 20 Minuten ziehen lassen.

Aus dem Teig auf einer bemehlten Arbeitsfläche eine etwa 20 cm lange Rolle formen und diese in 8 Portionen teilen. Die Teigportionen mit bemehlten Händen zu Knödeln formen. Die Knödel in kochendes Salzwasser legen und bei mittlerer Hitze im halb bedeckten Topf 15 Minuten ziehen lassen.

Die garen Knödel mit einem Lochschöpfer aus dem Wasser nehmen und auf Küchentuch gut abtropfen lassen.

Tipp: Aus dem Teig kann man auch Schupfnudeln zubereiten (dazu aus dem Teig etwa 1 cm dicke und 5 cm lange Nudeln formen, diese 5–6 Minuten in Salzwasser kochen lassen, abseihen* und in Butter knusprig braten).

* Knödel = Klöße; Erdäpfel = Kartoffeln; abseihen = abgießen

Serviettenknödel

ZUBEREITUNGSZEIT	ca. 1 ½ Stunden
ZUTATEN	für 6 Personen
Butter	80 g
gehackte glatte Petersilie	3 EL
frisches Weißbrot oder Semmeln, in Würfel von 1 cm Kantenlänge geschnitten	350 g
Eigelb	5
Milch	250 ml
Salz	
frisch geriebene Muskatnuss	
Eiweiß	3
flüssige Butter	80 g
große Stoffserviette	
Alufolie	
Küchengarn	

Die Butter in einer Pfanne zerlassen und die Petersilie darin vorsichtig anschwitzen; die Pfanne vom Herd nehmen und bis zur Weiterverarbeitung beiseitestellen.

Die Weißbrotwürfel in eine Schüssel geben und mit der Petersilien-Butter-Mischung übergießen.

Die Eigelb mit der Milch verquirlen, mit Salz und Muskatnuss würzen, die Mischung über die Semmelwürfel gießen, gut vermengen und ca. 10 Minuten ruhen lassen.

Das Eiweiß zu steifem Schnee schlagen. Den Eischnee nach und nach locker unter die Brotmasse heben.

Eine große befeuchtete Stoffserviette oder ein Geschirrtuch ausbreiten und dick mit flüssiger Butter bestreichen. Den Knödelteig als Laib am unteren Drittel der Serviette auftragen. Den Knödelteig mithilfe der Serviette eng einrollen.

Die Enden der Serviette mit Küchengarn fest zusammenbinden. Damit der Serviettenknödel beim Kochen nicht zu sehr »auslaugt«, die Rolle nochmals straff in Alufolie wickeln.

In einem großen Topf Wasser zum Kochen bringen, den Serviettenknödel hineinlegen und bei mittlerer Hitze zugedeckt etwa 35–40 Minuten garen.

Den Knödel aus dem Wasser nehmen, kurz abkühlen lassen, die Alufolie entfernen, die Rolle vorsichtig aus der Serviette wickeln; eventuell nochmals mit flüssiger Butter bestreichen und mit einem Zwirn oder einem scharfen Messer in Scheiben schneiden.

Tipps: Der Serviettenknödelteig lässt sich mit gedünsteten Pilzen, gehackten Nüssen, gerösteten Speckwürfeln oder gebratenen Maroni verfeinern.

Für Reste: Kalte Knödel in Scheiben schneiden und in Butter beidseitig knusprig braten oder mit reichlich Butter bestreichen, in Alufolie wickeln und im auf 120 °C vorgeheizten Rohr etwa 15 Minuten erwärmen.

Nockerl

Kleine Klöße oder Schnitten

ZUBEREITUNGSZEIT	ca. 30 Minuten
ZUTATEN	für 4 Personen
Weizenmehl	250 g
Salz	½ TL
frisch gemahlene Muskatnuss	1 Prise
Milch	125 ml
Eier	3
Butter	130 g

Das Mehl mit dem Salz und der Muskatnuss in eine Schüssel sieben.

Die Milch mit den Eier verquirlen.

50 g Butter in einem kleinen Topf zerlassen, zu der Eier-Milch-Mischung geben und mit dem gesiebten Mehl zu einem glatten Teig verrühren.

Etwa 2 l Salzwasser in einem großen Topf zum Kochen bringen.

Mit einem Teelöffel kleine Nockerl* abstechen (den Löffel immer wieder in heißes Wasser tauchen) und in das kochende Salzwasser geben.

Die Nockerl einmal aufkochen, dann abseihen*, mit lauwarmem Wasser abspülen und gut abtropfen lassen.

Die restliche Butter in einer Pfanne zerlassen und die Nockerl kurz darin schwenken, eventuell nachsalzen.

Variante: Den Nockerlteig durch ein Nockerl- bzw. Spätzlesieb direkt in das kochende Salzwasser drücken.

* Nockerl = kleine Klöße oder Schnitten, das Wort ist wahrscheinlich mit dem italienischen *Gnocchi* verwandt; abseihen = abgießen

Cremige Polenta

ZUBEREITUNGSZEIT	ca. 20 Minuten
ZUTATEN	für 4–6 Personen
Rindsuppe (siehe Seite 121)	250 ml
Milch	250 ml
Knoblauchzehe	1
Salz	1 TL
Instant-Polentagrieß (Maisgrieß)	150 g
in kleine Würfel geschnittene Butter	50 g
Olivenöl extra vergine	60 ml
frisch geriebener Parmesan	60 g

Die Rindsuppe mit der Milch und der Knoblauchzehe in einen großen gusseisernen Topf geben und aufkochen.

Den Knoblauch entfernen, etwas Salz zugeben und den Maisgrieß unter ständigem Rühren in die heiße Flüssigkeit rieseln lassen. Die Hitze reduzieren und die Polenta unter ständigem Rühren 5–6 Minuten cremig kochen.

Den Topf vom Herd nehmen, die Butterwürfel, das Olivenöl sowie den Parmesan unterrühren und die Polenta sofort servieren.

Specklinsen

ZUBEREITUNGSZEIT	ca. 30 Minuten
ZUTATEN	für 4 Personen
Linsen (am besten kleine Berglinsen)	120 g
Sonnenblumen- oder Maiskeimöl	2 EL
kleine, fein gehackte Zwiebel	1
gehackte Knoblauchzehen	2
in kleine Würfel geschnittener Frühstücksspeck	50 g
in kleine Würfel geschnittene Karotte	1
Rindsuppe (siehe Seite 121)	750 ml
frisches Lorbeerblatt	1
Schlagobers*	125 ml
Aceto balsamico	1–2 EL
Dijon-Senf	1 TL
fein abgeriebene, unbehandelte Zitronenschale	½ TL
Salz	
schwarzer Pfeffer aus der Mühle	
fein gehackte glatte Petersilie	2 EL

Die Linsen waschen und gut abtropfen lassen. Berglinsen müssen nicht vorher eingeweicht werden.

Das Öl in einem großen und breiten Topf erhitzen. Die Zwiebeln, den Knoblauch und den Speck darin anbraten, dann die Karottenwürfel zugeben und kurz mitbraten.

Die Linsen hinzufügen, mit der Suppe aufgießen, das Lorbeerblatt zugeben und die Linsen bei mittlerer Hitze ca. 15–20 Minuten weich kochen. (Noch nicht salzen.)

Das Lorbeerblatt entfernen, den Schlagobers* zugeben, die Linsen aufkochen und 2–3 Minuten kochen lassen.

Die Linsen mit dem Aceto balsamico, dem Senf und dem Zitronenabrieb würzen, erst jetzt mit Salz und Pfeffer abschmecken, dann die Petersilie untermengen.

* Schlagobers = Sahne

Orangen-Rotkraut

Orangen-Rotkohl

ZUBEREITUNGSZEIT	ca. 1 ¾ Stunden
ZUTATEN	für 4 Personen
Rotkraut*	700 g
Rotweinessig	2 EL
flüssiger Honig	4 EL
unbehandelte Orangen	2
Salz	1 TL
Nelkenpulver	½ TL
gemahlener Zimt	½ TL
Sonnenblumen- oder Maiskeimöl	2 EL
oder Schweineschmalz	1 EL
oder Gänsefett	1 EL
halbierte und in dünne Ringe geschnittene rote Zwiebeln	2
trockener Rotwein	125 ml
Rindsuppe (siehe Seite 121)	125 ml
getrocknetes Lorbeerblatt	1
schwarze Pfefferkörner	5
Salz	

Das Kraut putzen, den Strunk entfernen, den Krautkopf in feine Streifen schneiden und in eine Schüssel geben.

Den Essig gründlich mit dem Honig, der fein abgeriebenen Schale von 1 Orange, dem frisch gepressten Saft von 2 Orangen sowie den Gewürzen verrühren. Diese Marinade über das Rotkraut* gießen, gut vermengen und 30 Minuten durchziehen lassen.

Das Öl oder Fett in einem großen Topf erhitzen, die Zwiebelringe darin anschwitzen, das Rotkraut mit der Marinade zugeben und alles gut durchmengen.

Mit dem Rotwein und der Suppe auffüllen, das Lorbeerblatt und die Pfefferkörner zugeben und alles bei geringer Hitze ca. 1 Stunde köcheln lassen.

Das Kraut zum Schluss eventuell noch mit etwas Honig, Salz und Pfeffer abschmecken.

Tipp: Man kann das fertige Rotkraut mit 1 EL Mehl, das in 3 EL Wasser angerührt wurde, binden.

* Rotkraut = Blaukraut, Rotkohl

Gabelkraut

ZUBEREITUNGSZEIT	ca. 45 Minuten
ZUTATEN	für 4 Personen
frisches Sauerkraut	800 g
in kleine Würfel geschnittener Frühstücksspeck	100 g
Rindsuppe (siehe Seite 121)	500 ml
getrocknetes Lorbeerblatt	1
Wacholderbeeren	3
Kümmelsamen	½ TL
mehliger Erdapfel*	1 (ca. 150 g)
Salz	

Das Sauerkraut in ein Sieb geben, unter kaltem Wasser gut abschwemmen und anschließend käftig ausdrücken.

Die Speckwürfel in einer Pfanne ohne Fettzugabe knusprig anbraten, das Kraut zugeben, alles gut durchmengen und mit der Rindsuppe aufgießen.

Das Lorbeerblatt, die Wacholderbeeren und den Kümmel zugeben und das Kraut ca. 30 Minuten zugedeckt köcheln lassen.

Den Erdapfel schälen, fein reiben, zu dem Kraut geben, eventuell etwas Suppe oder Wasser zugeben, salzen und 10 Minuten köcheln lassen.

* Erdapfel = Kartoffel

Semmelkren
Semmelmeerrettich

ZUBEREITUNGSZEIT	ca. 20 Minuten
ZUTATEN	für 4–6 Personen
Semmeln vom Vortag	3
Rindsuppe (siehe Seite 121)	350 ml
Schlagobers*	125 ml
Salz	
schwarzer Pfeffer aus der Mühle	
frisch geriebener Kren*	3–4 EL
frisch gepresster Zitronensaft oder Weißweinessig	1 Spritzer

Die Semmeln in dünne Scheiben schneiden und in einen breiten, flachen Topf legen.

Die Rindsuppe mit dem Schlagobers* in einen Topf geben, aufkochen, über die Semmeln gießen und 3–4 Minuten ziehen lassen.

Die Masse mit einem Schneebesen gut verrühren und bei geringer Hitze einmal aufkochen. Den Topf vom Herd nehmen, den Kren* untermengen und den Semmelkren mit Salz und Pfeffer abschmecken sowie mit Zitronensaft oder Weißweinessig abrunden.

* Schlagobers = Sahne; Kren = Meerrettich

Kochsalat mit Erbsen

Lattich mit Erbsen

ZUBEREITUNGSZEIT	ca. 30 Minuten
ZUTATEN	für 4 – 6 Personen
Kochsalat*	2 – 3 Köpfe, ca. 800 g
Salz	
Butter	50 g
Weizenmehl	3 EL
Gemüsesuppe	250 ml
tiefgekühlte Erbsen	120 g
Schlagobers*	125 ml
Salz	
schwarzer Pfeffer aus der Mühle	

Die Kochsalatköpfe* waschen, halbieren und in etwa 1 cm breite Streifen schneiden.

In einem Topf reichlich gut gesalzenes Wasser zum Kochen bringen, den Kochsalat darin ca. 1 Minute blanchieren, dann abseihen* und kalt abschwemmen.

Die Butter in einem großen Topf aufschäumen, das Mehl zugeben und unter ständigem Rühren (am besten mit dem Schneebesen) hell anbraten. Die Mehlschwitze mit der kalten Suppe aufgießen, nochmals gut verrühren und diese »Einmach« 6 – 8 Minuten köcheln lassen.

Den Kochsalat grob hacken, mit den Erbsen sowie dem Schlagobers in die Mehlschwitze geben, mit Salz und Pfeffer abschmecken und bei geringer Hitze 5 – 6 Minuten ziehen lassen.

* Kochsalat = Lattich, Romanasalat; Schlagobers = Sahne, abseihen = abgießen

Rahmfisolen

Grüne Bohnen in Rahm

ZUBEREITUNGSZEIT	ca. 45 Minuten
ZUTATEN	für 4 – 6 Personen
Fisolen*, die Spitzen gekürzt	600 g
Salz	
Butter	40 g
Weizenmehl	2 EL
Gemüsesuppe oder Wasser	500 ml
Sauerrahm	250 ml
fein geriebene, unbehandelte Zitronenschale	1 Msp.
Salz	
schwarzer Pfeffer aus der Mühle	

Die Fisolen in etwa 2 cm lange Stücke schneiden, dabei die Spitzen entfernen und in reichlich Salzwasser bissfest kochen, abgießen und kalt abschwemmen.

Die Butter in einem Topf zerlassen, das Mehl zugeben, und unter ständigem Rühren hell anbraten. Die Mehlschwitze mit der kalten Suppe aufgießen, nochmals gut durchrühren und die Einmach* bei mittlerer Hitze 6 – 8 Minuten köcheln lassen. 3 – 4 EL Einmach mit dem Sauerrahm glatt rühren, in die restliche heiße Einmach einrühren, die Fisolen zugeben und bei geringer Hitze 6 – 8 Minuten ziehen lassen. Mit dem Zitronenabrieb, Salz und Pfeffer abschmecken.

* Fisolen = grüne Bohnen; Einmach = Mehlschwitze

Petersilieerdäpfel
Petersilienkartoffeln

ZUBEREITUNGSZEIT	ca. 30 Minuten
ZUTATEN	für 4 Personen
festkochende Erdäpfel *	600 g
Salz	
Butter	80 g
gehackte Petersilie	4 EL
Salz	

Die Erdäpfel* in reichlich Salzwasser bei mittlerer Hitze weich kochen.

Die Erdäpfel abgießen, kurz abkühlen lassen, schälen, halbieren oder vierteln.

Die Butter in einer Pfanne aufschäumen, die Petersilie zugeben und einige Sekunden mit der Butter anschwitzen, die Erdäpfel zugeben und alles gut durchschwenken. Mit Salz abschmecken.

Tipp: Kümmelerdäpfel: Geschälte und geviertelte Erdäpfel* mit 1 TL Kümmelsamen in Salzwasser bissfest kochen.

* Erdäpfel = Kartoffeln

Lorbeererdäpfel
Lorbeerkartoffeln

ZUBEREITUNGSZEIT	ca. 50 Minuten
ZUTATEN	für 6 Personen
kleine, festkochende Erdäpfel*	1 kg (jede Kartoffel ca. 70–80 g)
Meersalz	
frische kleine Lorbeerblätter	20
Olivenöl extra vergine	5 EL

Die Erdäpfel* schälen und quer zur langen Seite von einer Seite in etwa 1 mm breiten Abständen bis zur Hälfte hin einschneiden.

Die Erdäpfel salzen und in jeden Erdapfel einige Lorbeerblätter stecken (je Erdapfel 2–3 Lorbeerblätter).

Die so vorbereiteten Erdäpfel in eine große Bratpfanne schichten, diese etwa 3 cm hoch mit Wasser füllen und die Erdäpfel zugedeckt bei mittlerer Hitze so lange kochen, bis die Flüssigkeit verkocht ist und die Erdäpfel gar sind.

Das Olivenöl über die garen Erdäpfel gießen und bei geringer Hitze in der offenen Pfanne etwa 10 Minuten fertig braten.

* Erdäpfel = Kartoffeln

Geröstete Erdäpfel

Geröstete Kartoffeln

ZUBEREITUNGSZEIT	ca. 1 Stunde (in-klusive Kochzeit der Erdäpfel*)
ZUTATEN	für 4–6 Personen
speckige Erdäpfel*	1,2 kg
Salz	
Sonnenblumen- oder Maiskeimöl	3–4 EL
in feine Würfel geschnittene Zwiebel	1
Butter	20 g
schwarzer Pfeffer aus der Mühle	

Die Erdäpfel* in reichlich Salzwasser gar kochen, absei-hen*, kurz abkühlen lassen und schälen, dann vollständig abkühlen lassen.

Die Erdäpfel grob reiben und salzen.

Das Öl in einer großen Pfanne erhitzen. Die Zwiebel-würfel darin goldgelb anbraten, dann die geraffelten Erdäpfel locker darauf verteilen und bei mittlerer Hitze langsam knusprig anbraten. Die Erdäpfel während des Bratens nicht durchmengen.

Den »Erdäpfelkuchen« in der Mitte teilen und jede Häl-te wenden, die Butter hinzufügen und die Erdäpfel auf der anderen Seite ebenfalls knusprig braten.

Die Erdäpfelkuchen locker mit zwei Gabeln zerteilen und durch mehrmaliges Schwenken der Pfanne noch-mals gut durchbraten; eventuell noch etwas Butter zuge-ben und mit Salz und Pfeffer abschmecken.

* speckige Erdäpfel = festkochende Kartoffeln; abseihen = abgießen

Rösti

ZUBEREITUNGSZEIT	ca. 30 Minuten
ZUTATEN	für 4 Personen
große, mehlige Erdäpfel*	4 Stück, ca. 600 g
Salz	1 TL
Sonnenblumen- oder Maiskeimöl	3 EL

Die Erdäpfel* schälen, grob reiben und salzen.

Das Öl in einer beschichteten Pfanne leicht erhitzen, die Erdäpfelmasse ohne das ausgetretene Wasser darin verteilen und mit einer Bratenschaufel flach drücken. Die Rösti in der zugedeckten Pfanne 5–6 Minuten braten, auf einen Teller stürzen und dann mit der nicht angebratenen Seite nach unten wieder in die Pfanne geben; bei mittle-rer Hitze offen nochmals 5–6 Minuten braten. Die Rösti in Portionen teilen und heiß servieren.

* Erdäpfel = Kartoffeln

Dill-Erdäpfel – »Einbrennte Hund«
Dill-Kartoffeln

ZUBEREITUNGSZEIT	ca. 45 Minuten
ZUTATEN	für 4–6 Personen
speckige Erdäpfel*	600 g
Butter	80 g
fein gehackte Zwiebelwürfel	80 g
Weizenmehl	50 g
Milch	125 ml
Rindsuppe (siehe Seite 121)	375 ml
fein geriebene, unbehandelte Zitronenschale	½ TL
Salz	
schwarzer Pfeffer aus der Mühle	
fein gehackte Essiggurken	50 g
fein gehackter Dille* oder glatte Petersilie	3 EL
Sauerrahm	2 EL

Eingemachte (»eingebrannte«) Gemüse haben in der Wiener Küche eine sehr lange Tradition. Ebenso wie die sorgfältige Verwertung von Resten. Dieses Rezept bringt beides zusammen und hat seinen ungewöhnlichen Namen vermutlich daher, dass dafür Erdäpfel- oder Erdäpfelsalat vom Vortag (»die alten Hund'«) verwendet wurden.

Die Erdäpfel waschen, in reichlich Salzwasser bissfest kochen, dann abseihen* und schälen. Die Erdäpfel* abkühlen lassen, dann in 2–3 mm dicke Scheiben schneiden.

Die Butter in einem Topf bei geringer Hitze zerlassen. Die Zwiebeln darin glasig schwitzen, dann das Mehl zugeben und unter ständigem Rühren so lange braten, bis das Mehl »Blasen« wirft. Die Mehlschwitze mit der kalten Milch aufgießen und gut verrühren. Anschließend die Suppe zugeben und die Mehlschwitze gut glatt rühren – am besten mit dem Schneebesen – und einbrennen (8–10 Minuten köcheln lassen).

Die Erdäpfelscheiben und den Zitronenabrieb zugeben. Die »Einbrennten Hund« mit Salz und Pfeffer abschmecken und 2–3 Minuten sanft köcheln lassen.

Den Topf vom Herd nehmen, die Gurken, den Dille* (oder Petersilie) sowie den Sauerrahm untermengen und nochmals mit Salz und Pfeffer abschmecken.

* speckige Erdäpfel = festkochende Kartoffeln; abseihen = abgießen; Dille = Dill

Erdäpfelpüree
Kartoffelpüree

ZUBEREITUNGSZEIT	ca. 30 Minuten
ZUTATEN	für 4 Personen
mehlige Erdäpfel*	1 kg
Salz	1 TL
Milch	etwa 250 ml
weiche Butter	100 g
Salz	
fein geriebene Muskatnuss	1 Prise

Die Erdäpfel* schälen, vierteln, in einen Topf geben, mit kaltem Wasser bedecken, Salz zugeben und weich kochen. Dies dauert ca. 20 Minuten.

Die Erdäpfel abseihen*, wieder in den Topf geben und bei geringer Hitze ausdampfen lassen (die Erdäpfel sollen ganz trocken werden; an den Rändern sollte die Stärke als weiße Ränder sichtbar werden).

Die Erdäpfel sodann durch eine Erdäpfelpresse drücken oder fein zerstampfen.

Die Milch erwärmen und vorsichtig nach und nach unter die heißen Erdäpfel rühren. (Dabei nicht zu stark rühren, sonst wird das Püree zäh.) Je nach Milchmenge kann man das Püree mehr oder weniger »flüssig« machen.

Die weiche Butter unter das Püree rühren und das Püree mit Salz und Muskatnuss abschmecken.

* Erdäpfel = Kartoffeln; abseihen = abgießen

Salbei-Erbsen-Püree

ZUBEREITUNGSZEIT	ca. 20 Minuten
ZUTATEN	für 4 Personen
Butter	30 g
frischer Salbei	8–10 Blätter
Milch	125 ml
Schlagobers*	60 ml
tiefgekühlte Erbsen	600 g
Salz	
schwarzer Pfeffer aus der Mühle	

Die Butter in einem Topf aufschäumen und die Salbeiblätter darin kurz anbraten, dann mit der Milch und dem Schlagobers* aufgießen.

Die tiefgekühlten Erbsen hinzufügen und etwa 6–7 Minuten kochen.

Die Erbsen mit dem Stabmixer oder im Mixaufsatz der Küchenmaschine fein pürieren.

Das Püree nochmals erhitzen, mit Salz und Pfeffer abschmecken und nach Belieben noch etwas fein geschnittenen Salbei untermengen.

* Schlagobers = Sahne

Selleriepüree

ZUBEREITUNGSZEIT	ca. 30 Minuten
ZUTATEN	für 4 Personen
geschälter Knollensellerie	500 g
geschälte, mehlige Erdäpfel*	150 g
Milch	500 ml
Salz	
frisch geriebene Muskatnuss	
flüssiger Schlagobers*	60 ml

Den Knollensellerie und die Erdäpfel* in kleine Würfel schneiden. (Je kleiner der Sellerie gewürfelt ist, desto kürzer ist die Kochzeit.)

Die Sellerie- und die Erdäpfelwürfel mit der Milch in einen Topf geben, leicht salzen und bei mittlerer Hitze weich kochen. Dabei immer wieder umrühren, da die Milch beim Kochen sehr stark schäumt.

Das weiche Gemüse kurz abkühlen lassen, anschließend mit dem Stabmixer fein pürieren und mit Salz und Muskatnuss abschmecken. Dann den Schlagobers* einrühren.

Das Püree bis zum Servieren warm stellen.

* Erdäpfel = Kartoffeln; Schlagobers = Sahne

Geschmolzene Paradeiser
Geschmolzene Tomaten

ZUBEREITUNGSZEIT	ca. 20 Minuten
ZUTATEN	für 4 Personen
Paradeiser*	6
Salz	
Semmelbrösel*	5 EL
frisch geriebener Parmesan	3 EL
Olivenöl zum Beträufeln	3 EL

Das Backrohr auf 180 °C vorheizen.

Die Paradeiser* halbieren, mit den Schnittflächen nach oben in eine Auflaufform setzen und salzen. Die Semmelbrösel* mit dem Parmesan vermengen und über die Paradeiser geben, mit Olivenöl beträufeln. Die Paradeiser bei 180 °C ca. 10 Minuten überbacken.

* Paradeiser = Tomaten; Semmelbrösel = Paniermehl

Erdäpfelsalat

Kartoffelsalat

ZUBEREITUNGSZEIT	ca. 40 Minuten
MARINIERZEIT	ca. 30 Minuten
ZUTATEN	für 4 Personen
speckige, gleich große Erdäpfel*	1 kg
Salz	

Für die Marinade	
Rindsuppe (siehe Seite 121)	250 ml
rote Zwiebel	1
Hesperidenessig*	60 ml
Dijon-Senf	1 gestrichener EL
Salz	½–1 EL
schwarzer Pfeffer aus der Mühle	
Kristallzucker	3 gestrichene EL
Sonnenblumen- oder Maiskeimöl	60 ml
in feine Röllchen geschnittener Schnittlauch	1 Bund

Die Erdäpfel* gründlich waschen und in einen großen Topf geben, mit kaltem Salzwasser bedecken, aufkochen und bei geringer Hitze gar kochen. Werden die Erdäpfel zu lange gekocht, zerfallen sie beim Schälen und Schneiden. Deshalb rechtzeitig die Garprobe machen: Mit einem spitzen Messer anstechen, rutscht der Erdapfel ab, ist er gar.

Für die Marinade die Rindsuppe auf ⅔ der ursprünglichen Menge einkochen. Inzwischen die Zwiebel schälen und in feine Würfel schneiden.

Den Essig, den Dijon-Senf, das Salz, etwas Pfeffer und den Zucker mit einem Schneebesen in die reduzierte Suppe einrühren, die Zwiebelwürfel hinzufügen und bei geringer Hitze etwa 2 Minuten ziehen lassen.

Den Topf vom Herd nehmen und die Marinade in eine Salatschüssel gießen.

Die Erdäpfel abseihen*, kurz mit kaltem Wasser abschrecken und schälen.

Anschließend gleichmäßige, etwa ½ cm dicke Scheiben direkt in die Marinade schneiden, locker durchmischen und 30 Minuten ziehen lassen.

Kurz vor dem Anrichten den Salat mit dem Sonnenblumenöl übergießen und behutsam durchmengen. Nach Belieben nochmals mit Salz abschmecken.

Mit Schnittlauchröllchen bestreut servieren.

Tipp: Den Erdäpfelsalat kann man mit etwas Vogerlsalat* oder Rucola verfeinern.

* Erdäpfel = Kartoffeln; Hesperidenessig = österreichische Essigspezialität aus Weinessig und (wenig) Apfelsaft; abseihen = abgießen; Vogerlsalat = Feldsalat

Erdäpfelsalat-Mayonnaise-Salat

Kartoffel-Mayonnaise-Salat

ZUBEREITUNGSZEIT	ca. 40 Minuten
MARINIERZEIT	30 Minuten
ZUTATEN	für 4 Personen
Ei	1
Worcestersauce	2 Spritzer
Dijon- Senf	1 Msp.
Salz	
frisch gemahlener Pfeffer	
Zucker	1 Prise
neutrales Pflanzenöl	250 ml
frisch gepresster Zitronensaft	1 Spritzer

Den Erdäpfelsalat nach dem Grundrezept (siehe Seite 314) zubereiten. Statt des Öls die im folgenden beschriebene Mayonnaise verwenden.

Alle Zutaten in ein schmales, hohes Gefäß geben. Einen Stabmixer hineinstellen, einschalten und mit einer langsamen Aufwärtsbewegung zu einer cremigen Mayonnaise mixen. Mit einem Spritzer Zitronensaft abschmecken.

Tipp: Besonders würzig wird die Mayonnaise mit etwas Essiggurkenmarinade.

Erdäpfel-Rahm-Salat

Kartoffel-Rahm-Salat

ZUBEREITUNGSZEIT	ca. 40 Minuten
MARINIERZEIT	ca. 1 Stunde
ZUTATEN	für 4 Personen
festkochende Erdäpfel*	800 g
Weißweinessig	3 EL
Sauerrahm	250 g
Sonnenblumenöl	3 EL
Salz	
schwarzer Pfeffer aus der Mühle	
Frühlingszwiebeln	100 g

Die Erdäpfel* waschen, in einen Topf geben, mit kaltem Wasser bedecken, salzen und bei mittlerer Hitze etwa 20 Minuten weich kochen.

Die Erdäpfel abseihen*, kalt abschwemmen, schälen und noch warm in feine Scheiben schneiden. Den Essig zugeben und locker durchmengen. Den Sauerrahm mit dem Sonnenblumenöl, Salz und Pfeffer glatt rühren und gründlich mit den Erdäpfeln vermengen. Die Frühlingszwiebeln putzen, in feine Ringe schneiden und untermengen. Den Salat zugedeckt 1 Stunde ziehen lassen.

* Erdäpfel = Kartoffeln; abseihen = abgießen

Rahm-Gurken-Salat mit Erdäpfeln

Rahm-Gurken-Salat mit Kartoffeln

ZUBEREITUNGSZEIT	ca. 40 Minuten
ZUTATEN	für 4 Personen
festkochende Erdäpfel*	4 große oder 8 kleine
geschälte und in feinen Scheiben geraffelte* Salatgurken	2
Salz	
Sauerrahm	200 g
geschälte und feingehackte Knoblauchzehe	1
Sonnenblumenöl	2 EL
schwarzer Pfeffer aus der Mühle	

Die Erdäpfel* in Salzwasser gar kochen und schälen.

Während die Erdäpfel garen, die geraffelten Gurken mit 1 TL Salz bestreuen. Nach etwa 15 Minuten das Gurkenwasser abschütten. (Man kann die Gurken auch ausdrücken, sie sind dann allerdings schwerer verdaulich.)

Die Gurken mit dem Sauerrahm, dem Sonnenblumenöl und dem Knoblauch vermengen und mit Salz und Pfeffer abschmecken.

Zum Schluss die lauwarmen Erdäpfel* in den Gurkensalat schneiden und locker vermengen.

* raffeln = hobeln; Erdäpfel = Kartoffeln

Grüner Salat auf Wiener Art

ZUBEREITUNGSZEIT	ca. 10 Minuten
ZUTATEN	für 4 – 6 Personen
grüner Salat	1 Kopf
Salz	
Kristallzucker	1 TL
Wasser	250 ml
Hesperidenessig*	2 EL
Sonnenblumenöl	60 ml

Die Blätter des Kopfsalats auseinanderzupfen, waschen und gründlich trocken schleudern.

Das Salz und den Kristallzucker in dem Wasser vollständig auflösen, dann den Essig einrühren, abschmecken und diese Marinade über die Salatblätter geben.

Erst kurz vor dem Servieren nach Belieben Sonnenblumenöl über den marinierten Salat geben.

Tipp: Die Marinade hält sich in ein Schraubglas gefüllt im Kühlschrank mehrere Wochen.

* Hesperidenessig = österreichische Essigspezialität, eine Mischung aus Weinessig und (wenig) Apfelsaft

Warmer Krautsalat

ZUBEREITUNGSZEIT	ca. 30 Minuten
ZUTATEN	für 4 Personen
Schmalz	1 EL
gewürfelter Frühstücksspeck	120 g
Essig	125 ml
Kümmelsamen	½ TL
in feine Streifen geschnittenes Weißkraut	800 g
Kristallzucker	1 EL
Salz	

Das Schmalz in einer Kasserolle erhitzen und die Speckwürfel darin knusprig anbraten, dann mit dem Essig ablöschen.

Den Kümmel und den Zucker zugeben und einmal aufkochen. Anschließend das fein geschnittene Weißkraut zugeben, alles gut vermengen, nochmals aufkochen und alles bei geringer Hitze etwa 8–10 Minuten ziehen lassen. Den Krautsalat mit Salz abschmecken und servieren.

Tipp: Braten Sie zusätzlich etwas in feine Würfel geschnittenen Speck knusprig an und geben Sie diesen über den fertigen Krautsalat.

Bohnensalat

ZUBEREITUNGSZEIT	ca. 45 Minuten
EINWEICHZEIT	6 Stunden
ZUTATEN	für 4 Personen
kleine, weiße Bohnenkerne	250 g
ganze Knoblauchknollen	2
rote Chilischoten	1–2
Salz	1 TL
Für die Marinade	
grob gehackte Petersilie	1 Bund
grob gehackte Knoblauchzehen	2–3
Olivenöl extra vergine	6 EL
Weißweinessig	1–2 EL
Salz	
schwarzer Pfeffer aus der Mühle	

Die Bohnenkerne 6 Stunden vor der Zubereitung oder über Nacht in kaltem Wasser einweichen.

Die eingeweichten Bohnen abseihen* und mit etwa 3 l Wasser, den ganzen und ungeschälten Knoblauchknollen, Chili sowie Salz bei mittlerer Hitze etwa 40 Minuten weich kochen und danach abseihen. Wichtig: Etwas vom Kochsud der Bohnen für die Marinade zurückbehalten.

Für die Marinade die Petersilie, den Knoblauch, das Olivenöl und etwa 60 ml vom Kochsud mit dem Stabmixer fein pürieren.

Diese Petersilienmarinade mit den noch lauwarmen Bohnen gut vermengen.

Den Bohnensalat mit Weißweinessig, Salz und Pfeffer abschmecken.

* abseihen = abgießen

Apfelkren
Apfelmeerrettich

ZUBEREITUNGSZEIT	ca. 20 Minuten
ZUTATEN	für 4 – 6 Personen
große säuerliche Äpfel	2
heiße Rindsuppe (siehe Seite 121)	125 ml
Kren*, aus dem Glas	1 EL
Sonnenblumenöl	1 EL
Salz	
schwarzer Pfeffer aus der Mühle	
frisch gepresster Zitronensaft	½ – 1 EL

Die Äpfel nacheinander schälen, fein raffeln* und dann sofort mit 2 – 3 EL heißer Suppe übergießen und vermengen.

Die restliche heiße Suppe, den Kren* und das Sonnenblumenöl unterrühren.

Den Apfelkren* mit Salz, Pfeffer und Zitronensaft abschmecken.

Tipp: Wer frischen Kren* verwendet, sollte diesen reiben und ebenfalls sofort mit heißer Suppe übergießen.

* Kren = Meerrettich; raffeln = reiben

Schnittlauchsauce

ZUBEREITUNGSZEIT	ca. 30 Minuten
ZUTATEN	für 4 – 6 Personen
entrindetes und in große Würfel geschnittenes Toastbrot	60 g
Milch	95 ml
gekochte Eigelb	2
Mayonnaise	1 EL
Sauerrahm	1 EL
Dijon-Senf	½ TL
fein geschnittener Schnittlauch	1 ½ Bund
Salz	
schwarzer Pfeffer aus der Mühle	

Die Toastbrotwürfel mit der kalten Milch übergießen und etwa 5 Minuten ziehen lassen.

Die Brot-Milch-Mischung etwas ausdrücken.

Die Eigelb mit der Gabel zerdrücken, zusammen mit dem Brot in einen hohen Rührbecher geben und mit dem Stabmixer fein pürieren. Die Mayonnaise, den Sauerrahm und den Senf zufügen. Den Schnittlauch untermengen und die Sauce mit Salz und Pfeffer abschmecken.

Sauce Tartare

ZUBEREITUNGSZEIT	ca. 5–10 Minuten
ZUTATEN	für 4–6 Personen
Essiggurken	120 g
Mayonnaise	125 ml
Sauerrahm	250 ml
zerdrückte Kapern	1 EL
zerdrückte Sardellenfilets	2
Dijon-Senf	1 TL
feine Schnittlauchröllchen	3 EL
Salz	
schwarzer Pfeffer aus der Mühle	

Die Essiggurken mit der Küchenreibe fein reiben.

Die Mayonnaise gründlich mit dem Sauerrahm verrühren. Die Gurken, die Kapern, die Sardellen, den Senf und die Schnittlauchröllchen zugeben und mit Salz und Pfeffer abschmecken.

Kalte Pfeffersauce

ZUBEREITUNGSZEIT	ca. 5–10 Minuten
ZUTATEN	für 4–6 Personen
Sauerrahm	250 ml
süßer Senf	4 EL
grob geschroteter schwarzer Pfeffer	1 EL
Salz	

Alle Zutaten gut miteinander verrühren und mit Salz abschmecken.

Zitronen-Rahm-Sauce

ZUBEREITUNGSZEIT	ca. 15 Minuten
ZUTATEN	für 4 Personen
Sauerrahm	250 g
Crème fraîche	2 EL
unbehandelte Zitrone	1
frisch gepresster Zitronensaft	1 EL
fein geschnittene Zitronenmelisse	2 EL
Salz	
Pfeffer aus der Mühle	

Den Sauerrahm mit Crème fraîche glatt rühren.

Danach die fein abgeriebene Schale der Zitrone, den Zitronensaft und die Zitronenmelisse zugeben, gut vermengen und die Sauce mit Salz und Pfeffer kräftig abschmecken.

Tipp: Bereiten Sie die Sauce mit Limette statt Zitrone, das ergibt eine leckere Variante.

Kräutersauce

ZUBEREITUNGSZEIT	ca. 15 Minuten
ZUTATEN	für 4 Personen
glatte Petersilie	2 Bund
Basilikum	2 Bund à 30 g
Olivenöl extra vergine	125 ml
Kapern	1 EL
gut abgetropfte Sardellenfilets	2
gehackte Knoblauchzehen	2
frisch gepresster Zitronensaft	2 EL
Salz	
Pfeffer aus der Mühle	

Die Petersilie fein hacken. Die Basilikumblätter fein schneiden. Beides mit dem Olivenöl in einen hohen Becher geben und mit dem Stabmixer fein pürieren.

Die Kapern, die Sardellenfilets und den Knoblauch fein hacken und mit dem Kräuteröl vermengen.

Mit dem Zitronensaft abschmecken und mit wenig Salz und Pfeffer abschmecken.

Pikante Paradeismarmelade

Pikante Tomatenmarmelade (Chutney)

ZUBEREITUNGSZEIT	ca. 30 Minuten
RASTDAUER	3–4 Stunden
ZUTATEN	für 4 Personen
Olivenöl	2 EL
gelbe Senfkörner	1 TL
Kreuzkümmelsamen	1 TL
fein gehackte Knoblauchzehe	1
fein gehackter, eingelegter grüner Pfefferoni*	1
geschälte Paradeiser*	1 Dose
Rosinen	50 g
brauner Zucker	1 EL
Salz	
Pfeffer aus der Mühle	

Das Öl in einer Pfanne erhitzen. Die Senf- und Kreuzkümmelsamen darin kurz anbraten.

Den gehackten Knoblauch sowie die Pfefferoni* dazugeben und kurz mitbraten. Die Paradeiser* sowie die Rosinen und den Zucker hinzufügen und alles bei geringer Hitze etwa 15 Minuten köcheln lassen. Vom Herd nehmen, kurz abkühlen lassen, mit Salz und Pfeffer abschmecken.

Das Chutney 3–4 Stunden ziehen lassen.

* Paradeismarmelade = Tomatenchutney; Pfefferoni = Pepperoni; Paradeiser = Tomaten

Zwiebelsenf

ZUBEREITUNGSZEIT	ca. 15 Minuten
ZUTATEN	für 4–6 Personen
Zwiebel	180 g
scharfer Senf	100 g
Zucker	½ TL
Salz	
Pfeffer aus der Mühle	

Die Zwiebel schälen und in kleine Würfel schneiden und mit dem Senf gut vermengen. Zucker zugeben und mit Salz und Pfeffer abschmecken.

Rosmarinzwetschgen

ZUBEREITUNGSZEIT	ca. 10 Minuten
ZUTATEN	für 4 Personen
frische Zwetschgen	350 g
Butter	20 g
brauner Zucker	20 g
Orangensaft	125 ml
gehackte Rosmarinnadeln	1 TL
Salz	

Die Zwetschgen entsteinen und vierteln. Die Butter in einer Pfanne zerlassen, den Zucker zugeben, gut verrühren und leicht karamellisieren.

Die Zwetschgen darin 2–3 Minuten anbraten, dann mit dem Orangensaft ablöschen.

Die Rosmarinnadeln zugeben und die Zwetschgen bei mittlerer Hitze 6–7 Minuten dünsten. Die Zwetschgen mit Salz abschmecken.

Rotweinbirnen

ZUBEREITUNGSZEIT	ca. 50 Minuten
MARINIERZEIT	2–3 Stunden
ZUTATEN	für 4 Personen
saftige, feste Birnen	4 Birnen à 200 g
trockener Rotwein	500 ml
Wasser	350 ml
Orangensaft	125 ml
brauner Zucker	100 g
Gewürznelken	4
schwarze Pfefferkörner	4
kleine Zimtstange	1

Die Birnen schälen. Den Rotwein mit dem Wasser, dem Orangensaft, dem Zucker und den Gewürzen in einen Topf geben und aufkochen.

Die Birnen in den Rotweinsud legen und bei mittlerer Hitze etwa 30 bis 40 Minuten (je nach Reifegrad der Birnen) köcheln lassen. Den Topf vom Herd nehmen und die Birnen in dem Kochsud 2 bis 3 Stunden ziehen lassen.

Die Birnen dann aus dem Sud nehmen, gut abtropfen lassen, nach Belieben halbieren und anrichten.

Anhang

Rezeptregister nach Fleischteilen

Register der Beilagen

Verzeichnis der Fleischteile

Kalb

Faschiertes = Hackfleisch
G'schnatter = Kniekehlfleisch
Fricandeau = Unterschale
Kalbsbackerl = Kalbswangen
Kalbsstelze = Kalbshaxe, Kalbsbeinscheiben
Kalbsvögerl = aus der hinteren Kalbshaxe (Wade)
    geschnittenes Fleisch
Karree = Rippenstück, Kotelettstück, Kotelettgrat
Karreerose = ausgelöstes Karree, Rippenstück,
    Kotelettstück, Kotelettgrat
Kutteln = Kaldaunen
Schulterscherzel = Mittelstück der Schulter, Mittel-
    bug, das Fleisch ist von einer gallertigen Sehne
    durchzogen, die das Fleisch besonders saftig
    macht
Vögerl = Fleisch aus der Wade

Rind

Beiried = Flaches Roastbeef
Bruckfleisch = Kleinfleisch, überwiegend Innereien
Faschiertes = Hackfleisch
Flacher Zapfen = flache Nuss, Sternrose, Vor-
    schlag (schw.)
Hüferlbraten = Hüftfleisch
Kronfleisch = Zwerchfell
Lungenbratenspitzen = Filetspitzen
Mageres Meisel = Falsches Filet, Schulterfilet
Rindsfledermaus = ausgelöstes Fleisch aus dem
    Kreuzbein, ersatzweise kann auch ein Mittel-
    stück von der Schulter genommen werden
Rindslungenbraten = Rinderfilet oder -lende
Rindslungenbratenspitzen = Filetspitzen vom Rind
Rostbraten = Rundes Roastbeef
Schulterscherzl = falsches Filet, Bugspitz
Schwarzes Scherzel = Oberschale, Mittel-
    stück (schw.)
Wadschinken = Hinterbein, Hesse, Haxe, Wadschen-
    kel, Beinfleisch, Stotzen (schw.)

Schwein

Bauchfleisch = Schweinebauch, Wammerl
Blunzen = Blutwurst, Rotwurst
Faschiertes = Hackfleisch
Grammeln = Grieben
Karree = Kassler
Lungenbraten = Filet
Schopfbraten = Schweinekamm, Schweine-
    nackenbraten, Halsgrat, Hals (schw.)
Schulter = Blatt, Bug, Laffe (schw.)
Schweinskarreerose = bestes Stück des Kotelett-
    stücks, auch Kotelettgrat genannt
Selchfleisch = geräuchertes Schweinefleisch,
    Rauchfleisch, Räucherfleisch
Selchripperln = geräucherte Schweinerippchen
Stelze = Eisbein, Haxe
Surstelze = gepökeltes Eisbein
Teilsames = geräucherte Schweineschulter oder
    -keule

Lamm

Lammstelze = Lammkeule (auch: der untere Teil der
    Lammkeule)

Geflügel

Flügerl = Flügel
Haxerl = Keule
Hendl = Huhn
Hendlgrammeln = Grieben aus der Hühnerhaut
Hendlleber = Hühnerleber

Wild

Wildschweinschopf = Wildschweinnacken

(schw.) = schweizerisch

Dank & Impressum

Danke an Gabriele Halper für ihre Hingabe und Geduld, mit der sie immer wieder Rezepte, Temperaturen, Garzeiten und Mengenangaben überprüft hat. Seit über zehn Jahren gehen alle unsere Rezepte und Kochempfehlungen durch ihre fachkundigen Hände.

Danke an Luzia Ellert für ihre Begeisterung und ihren Glauben an dieses Buch. Mit Bescheidenheit, Ausdauer und unglaublicher Liebe zum Detail wird unter ihrem fotografischen Auge aus jedem Stück Fleisch ein optischer Genuss.

Danke an Elisabeth Ruckser für ihre rasche und kompetente Umsetzung unserer Inhalte.

Danke an Uschka Jeschko, die diesem Buch als graphisches Gewissen zur Seite gestanden hat und oft in wenigen Minuten mit Lösungen zur Stelle war.

Danke an Ewald Allinger, Fritz Docekal, Robert Neugebauer und Thomas Traindt, die sich neben ihrer verantwortungsvollen Tätigkeit als Filialleiter die Zeit für die Erarbeitung und Redaktion der Fleischtableaus, das Korrigieren der Rezepte und Beantwortung vieler Fragen aufgebracht haben.

Danke auch an Sascha Moik und alle Menschen bei Radatz, die mit Rat und Tat geholfen haben, dass dieses Buch entstehen konnte.

Danke an unsere Verlegerin Anja Heyne, den Geschäftsführer Jürgen Welte und die Lektorin Sonya Mayer sowie dem Verlagsteam der Collection Rolf Heyne für ihre Begeisterung für unsere Fleischeslust und die Geduld und Kompetenz, die sie uns Fleischern entgegengebracht haben.

Wenn einmal ein Rezept nicht gelingen sollte oder Sie Fragen und Anregungen haben, freuen wir uns über einen Brief an:

Franz Radatz
Erlaaer Straße 187
A-1230 Wien

oder eine E-Mail an:

office@radatz.com

www.collection-rolf-heyne.de

Copyright © 2010 by
Collection Rolf Heyne GmbH & Co. KG, München

Herausgeber: Thomas Zedrosser

Fotografie: Luzia Ellert, Wien

Foodstyling und Rezepte: Gabriele Halper, Wien

Texte: Elisabeth Ruckser, Wien

Redaktion und Layoutsatz: Imprint, Zusmarshausen

Redaktion der Rezepte: Irmgard Rumberger, Ramerberg

Lithografie: Lorenz & Zeller, Inning am Ammersee

Lithografie der Fleischtableaus (S. 26–27, 40–41, 50–51, 64–65, 76–77, 90–91, 102–103, 114–115, 118–119, 132–133, 152–153, 170–171, 182–183, 196–197, 216–217, 254–255, 272–273, 286–287, 290–291): GrafiX Computerbild, Wien

Druck und Bindung: Printer Trento, Trento

Printed in Italy

ISBN 978-3-89910-457-8